고액 연봉 마케터 되는 법

초보 마케터 필독서

고액 연봉 마케터 되는 법
초보 마케터 필독서

초판 1쇄 발행 2024년 7월 19일

지은이 김태원
펴낸이 장길수
펴낸곳 지식과감성#
출판등록 제2012-000081호

교정 김지원
디자인 정은혜
편집 정윤솔
검수 정은솔, 이현
마케팅 김윤길, 정은혜

주소 서울시 금천구 벚꽃로298 대륭포스트타워6차 1212호
전화 070-4651-3730~4
팩스 070-4325-7006
이메일 ksbookup@naver.com
홈페이지 www.knsbookup.com

ISBN 979-11-392-1996-8(03320)
값 16,700원

- 이 책의 판권은 지은이에게 있습니다.
- 이 책 내용의 전부 또는 일부를 재사용하려면 반드시 지은이의 서면 동의를 받아야 합니다.
- 잘못된 책은 구입하신 곳에서 바꾸어 드립니다.

지식과감성#
홈페이지 바로가기

고액 연봉 마케터 되는 법

MARKETER

초보 마케터 필독서

김태원 지음

- 2024년 마케터 필수 도서
- 고연봉 경험 바탕 마케터 노하우
- 초보 마케터 성장을 위한 최고의 밑거름

지식과감정

Contents

1장 =# Persuade

1. 마케팅 업무를 하고 싶어요 — 8
2. 마케터 평균 연봉 — 19
3. 마케터로 연봉 상승하는 법 — 23
4. 개인의 경험에 의존한다 — 37
5. 마케팅의 시작은 타기팅(TARGETING)이다 — 41

2장 =# 마케터에 대한 이해

1. 마케터의 종류 — 46
2. 타 부서 일반 사무직과 마케터의 사이 — 53
3. 멘붕 ON 마케터들과 그들만의 사정 — 55

3장 =# 고액 연봉 마케터로 성장하려면

1. 이 책에 나오는 마케팅 용어 — 78
2. 내 연봉은 어떻게 고액 연봉으로 가나? — 92
3. 능력 있는 마케터로 나를 포장하는 방법 — 105

4장 # 시간은 당신을 기다려 주지 않는다

1. 계획적으로, 체계적으로 목표 설정을 해야 한다	112
2. 여성분들이라면 더욱 이 챕터에 집중해 보자	133
3. 목표에 가까이 다가갔다면 그다음은	138

5장 # 마케팅을 효율적으로 공부하는 법

1. 문어체와 구어체의 놀라운 마법	148
2. 마케팅을 공부할 때 계산기가 필수인 이유	154
3. 실전 경험이 최고다	158
4. 마케팅 분야별 공부	163

6장 # 이력서 및 포트폴리오 챙기는 법

1. 마케터 채용, 자격증이 중요해?! 포트폴리오가 중요해?!	170
2. 이력서를 마케터의 입장에서 쓰는 법	180
3. 자소서를 마케터의 입장에서 쓰는 법	187

7장 # 판매 전략　　　　　　　　　　　　　　　191

1장

Persuade

1. 마케팅 업무를 하고 싶어요

이 책을 당신이 끝까지 읽기로 결정했다면 첫 번째 장은 패스해도 된다. 하지만 이 내용이 자신에게 정말로 도움이 될지 의심이 생긴다면, 이번 장부터 읽어 주길 희망한다.

필자는 현직 마케터로 활동하고 있다. 특정 브랜드들의 마케팅 팀장으로 활동 중이며 동시에 전략마케팅팀 총괄팀장을 맡고 있다. 이 책은 필자의 경험담을 바탕으로 쓰인 책이다. 필자는 경험이 최우선 되어야 한다고 생각하고 그 경험을 여러분에게 공유해 주는 대신 일정 부분의 금전적 이득을 취하려 한다.

필자의 성공적이었던 경험을 'Ctrl+C & V' 해서 남들보다 빠르게 성장하라. 그것이 이 책이 만들어진 목적이다.

설명하기에 앞서,
이 책은 대기업에 근무하며 초봉부터 남들과 다른 분들에게는 크게 도움이 되지 않을 수 있다.

1) 박봉에 울고 고생하는 마케터분들에게 추천한다.
2) 광고대행사를 전전하며 연봉이 크게 오르지 못하고 매년 동결되는 분들에게 추천한다.
3) 첫 직장이 중소기업이거나, 입사하는 직장마다 중소기업인 마케터에게 추천한다.
4) 아직 마케터가 아니지만, 마케터가 되고 싶은 분들에게 추천한다.
5) 신입 마케터로 취업을 하고 싶지만, 취업이 쉽지 않은 마케터 준비생분들에게 추천한다.

도전하는 당신을 진짜 마케터로 바꾸는 법

지금은 특정 브랜드들을 총괄하는 위치에 있지만, 한때는 종합광고대행사에서 밤낮으로 일하며 열심히 돈을 벌 때도 있었다.

종합광고대행사의 구조는 여러 가지 유형으로 나뉠 수 있는데, 나는 그중에서 광고 영업 업무를 공격적으로 하는 팀에 있었다. 직접 광고주 측의 마케팅 전략이나 광고 전략을 세우며 동시에 마케팅 일을 수주받아 컨설팅 및 광고 집행까지 해 주는 일이었는데, 말이 좋아 마케팅 전략을 컨설팅해 주고 광고 전략대로 광고를 집행하는 일이지, 실질적으로는 광고주 측 마케터들이 주문 및 의뢰하는 일을 처리해 주고 돈을 받는 것이 일반적이다.

일반적으로 광고 영업 업무 역시, 다른 영업 업무들처럼 힘들고 피가 마르는 업무들 중 하나이다. 광고홍보학과 또는 마케팅 관련 학과에 재직 중인 대학생들이나 졸업생들이 가장 기피하는 포지션 중 하나가 이 업무일 것이다. 그렇기 때문에 종합광고대행사에서의 광고 영업 업무는 일반적으로 마케팅 업무에 특화된 전문 인력들보다는 각기 다른 분야에서 영업 활동을 진행하다가 광고 영업이 돈을 많이 번다는 채용 공고에 혹하여, 입사하게 되는 경우가 대부분이다.

이 과정에서 함정이 있다면, 마케터가 되고 싶은 마케팅의 '마' 자도 모르는 친구들도 마케팅을 배울 수 있다는 사탕발림에 매료되어 많이들 입사하게 된다는 것이다.

광고 영업 업무는 힘들지만, 반복하다 보면 실력도 쌓이고, 확실히 일반적인 월급쟁이보다 돈을 더 버는 것은 사실이다. 마케팅 및 영업 실력이 좋다는 전제가 있어야 한다는 것이 슬픈 현실이라는 것을 제외한다면 꽤 해 볼 만한 일이다.

그렇게 일을 하면서 경력을 쌓다 보면, 진짜 마케터로 거듭나게 된다. 그리고 영업 실력도 함께 향상하게 된다. 이것이 도전하는 당신을 진짜 마케터로 바꾸는 첫 번째 방법이다.

경력이 쌓이다 보면 부가적으로 팀원들도 생기기 마련인데, 마케팅을 배우고 직접 해 볼 수 있다는 사탕발림에 녹아서 입사하게 된 이러한 팀원들의 전 직장은 대부분 각기 다른 분야의 영업 경력자들이다. 또는 고졸 출신의 어떻게든 먹고 살겠다는 의지를 가진 악바리들과 어정쩡하게 대학 졸업 후, 취업이 잘 안되는 케이스들, 힘든 육체노동을 하다가 편안한 사무직에서 근무할 수 있게 된다는 희망을 갖고 오는 친구들 등 다양한 부류들이 모인다.

상식적으로 생각해 보자. 이 팀원들이 마케터로 성공할 확률이 몇 %나 될까? 내 경험상 이렇게 구성된 팀원들 중, 약 50%는 입사 일주일 내(교육 기간)에 일을 그만둔다. 그리고 남은 인원들 중 약 50%는 3개월 내에 일을 그만둔다. 그런데 신기하게도 3개월을 잘 버텨 준 남은 팀원들은 평균적으로 1년 이상은 함께 일을 해 준다.

그 당시 내가 하는 일은 남은 팀원들을 진짜 마케터로 만들어 주는 일이었다. 남은 팀원들은 앞서 언급한 바와 같이, 마케팅에 '마' 자도 모르던 친구들이었고, 대학 근처는 가 본 적도 없는 친구들도 꽤 있었다. 나는 이들을 성심성의껏 가르쳐 최소한 1인분은 하는 마케터로 키워 낸 사례가 꽤 있다. 마케팅의 '마' 자부터 직접 교육하여 1인분을 하는 마케터로 만들어 내는 데에는 많은 에너지와 시간이 필요하다.

그 기간을 인내해 준 팀원들은 결국엔 훌륭한 마케터로 거듭나고 자신들이 원하는 방향으로 진로를 설정하기 시작한다. 처음엔 아무 스킬이나 경험, 능력이 없는 마케터라고 해도 버티면서 제대로 배우면 아무리 영업을 위주로 하던 사람이었더라도 결국에는 진짜 마케터로 성장할 수 있게 된다는 의미다.

나는 훌륭한 마케터는 아니다. 일반적으로 책을 내는 다른 마케터 분들에 비해 내 경력은 초라하다. 마케팅 업무를 진행하면서 뚜렷한 성과를 낸 적도 많았지만, 다시 얘기 꺼내고 싶지 않을 정도로 실패한 사례도 꽤 있다.

하지만, 나는 누군가에게 마케팅을 가르치는 것에 있어서는 천부적인 재능이 있다고 말하고 싶다. 또한, 이 부분에 대해서는 의욕이 폭발적으로 생길 정도로 자신하고 싶다. 유명한 축구 감독이 되는 것은 그 감독이 선수 시절 반드시 뛰어난 선수였어야만 가능한 것이 아닌 것과 같은 이치이다.

갑자기 왜 가르치는 것을 언급했는지 의아해할 수 있다. 나는 남을 가르치면서 내 마케팅 실력이 더 갈고닦인 경우였기 때문이다. 중학교나 고등학교에서 공부할 때, 공부 잘하는 친구들이 더 공부를 잘하는 이유 중에는 이러한 이유도 포함되어 있다. 자신에게 문제를 물어보러 온 친구에게 설명해 주며 더 실력이 늘어나는 것과 같은 이치이다.

대행사에서 근무하며 정말 많은 사람들을 가르쳤고, 그중 일부는 진짜 마케터로 성장시켰다. 그리고 필자도 함께 성장했다.

마케터가 되는 다른 방법도 있나요?

마케터가 되는 방법이나 처음 마케터로 입문하는 과정에 대해 궁금해하는 사람들이 정말 많다. 지인들에게 마케팅을 한다고 명함을 내밀면, 처음엔 그냥 별 반응 없이 평범하게 인사를 나누며 교류하다가 조금 더 친해지거나 술자리를 자주 갖게 되면 제일 많이 받는 질문이 이것이다.

"마케터는 어떻게 되는 거예요?"

이런 질문은 회사에서 근무할 때도 가끔 받는데, 잠시 쉬는 시간에 타 부서 직원들과 담소를 나누게 되면 심심치 않게 위와 같은 질문을 받게 된다.

개인적으로는 이런 질문을 받을 때마다 조금 뿌듯하긴 하다. 그만큼 사람들이 마케팅에 대한 관심도가 높고 동시에 타 부서 사람들의 부러움도 산다고 느껴지기 때문이다.

마케팅은 사람들의 관심이 높은 학문이다. 나는 늘 주위 사람들에게 "마케팅은 경영의 하위호환이다"라고 입버릇처럼 말한다. 그만큼 마케터들은 회사의 경영에 자연스럽게 참여할 수밖에 없는 포지션이고, 그렇다 보니 마케팅팀이라는 집단은 고연봉에 엘리트 집단들이 모이는 것이라고 사람들이 인지하는 것이다.

이 글을 읽고 있는 당신도 구체적으로 표현하지 않겠지만, 위와 다르지 않은 이유들로 마케터가 되기를 희망하고 있을 것으로 예상한다.

하지만 마케팅 지식을 습득하고 공부를 한다고 해서 마케터라고 부를 수 없는 것이 현실이다. 실전과 책은 다르다는 것은 누구나 알고 있는 사실이기에 선뜻 나서지 못하는 부분도 있을 것이다. 책과 실제 필드는 많이 다르다. 책에서 얻는 기술은 참고만 하자. 하지만 직접 해 본 경험은 절대로 무시하지 못하며 그 경험이 곧 자신의 실력이 된다.

그럼 마케터는 어떻게 해야 될 수 있는 걸까?

우선은 특정 회사 내에 있는 마케팅팀으로 입사를 하든지 마케팅 회사에 입사를 하는 방식 등으로 취업해야 마케터라고 불릴 수 있다. 결국 마케팅 업무가 주어지는 곳으로 취업해야 마케터가 된다는 의미다.

취업 시장에서 마케터로 취업 시에 필요한 조건들을 나열해 본다.

조건 1. 마케팅 관련학과 또는 광고홍보학과 대학교 학·석·박사 졸업자 출신
조건 2. 비전공자이지만, 마케팅 분야에 열정(=야근) 있고, 관련 자격증 소지자

조건 3. 일반적인 엘리트 코스를 밟은 비전공자가 마케팅 분야를 공부하고 취업을 희망할 때
조건 4. 광고대행사 경력자 출신
조건 5. 마케팅 분야로 매우 열정 있고 똑똑한 엘리트에 나이 어린 인턴 사원
액션 6. 그 외 조상신의 은덕에 힘입어 특정 회사의 니즈에 따라 운 좋게 채용되는 경우
액션 7. 마케팅의 '마' 자도 모르지만, 홀로 쇼핑몰 등을 운영하며 자신도 모르는 사이에 마케팅을 몸으로 체득한 경우

대표적으로 위와 같은 경로로 일반적인 마케터들의 취업이 결정된다고 보면 된다.

위에서도 잠깐 언급했듯이, 일반적으로 마케팅팀이라는 집단은 고연봉에 엘리트 집단들이 모여 있는 경우가 많다. 현실이 그렇다 보니 마케터가 되는 길이 멀고도 험한 것은 인정한다.

하지만 길이 아주 없는 것은 아니다. 취업 시장에서 마케터 채용 공고에 시간을 들여 탐색해 본 똑똑한 친구라면 고졸 출신이라고 하더라도 금방 알 수 있는 방법이 있다.

일반적으로 마케터의 채용 공고를 보면 90%의 확률로 자주 적혀 있는 문구가 있다.

"우대사항 1. 광고대행사 최소 1년 이상 or 3년 이상 경력자"

광고대행사 출신의 경력자가 성과와 실력을 동시에 인정받는다면 가방끈이 짧은 것은 전혀 문제 되지 않는다는 매우 큰 장점이 있다. 개인적으로 필자도 엘리트 코스를 밟지 못했다. 하지만 지금은 필자도 엘리트 코스를 밟아 온 친구들 부럽지 않은 고연봉 마케터이다. 필자도 엘리트 코스를 밟지 못했기 때문에 광고대행사 코스를 밟는 것을 주저하지 않았다.

그 결과로 성공 포인트를 가져왔다고 한다면 현재 광고주 측 인하우스 마케터이고 특정 브랜드 몇 개를 총괄하는 전략 마케팅팀의 팀장이라는 점이다.

이 글을 읽고 있는 독자가 자기 나름대로 엘리트 코스를 밟았다고 한다면 본인의 노력 여하에 따라 더 좋은 회사로 이직도 가능하다. 하지만 필자와 같이 엘리트 코스를 밟지 못했다면 꿈을 위해 광고대행사를 잘 선택해서 몇 년 고생하며 실력을 쌓는 것도 좋은 방법이다.

다만 이 방법에는 한 가지 리스크가 존재한다. 시키는 것만 해야 하는 포지션이거나 단순하게 늘 동일한 업무만 반복하는 포지션은 절대로 멀리하길 바란다. 그 회사에서 3년간 고생했다고 전제를 둔다면, 이러한 케이스일 때는 3년간 그 한 가지 업무밖에 배우지 못하게 된다. 이러한 상황이라면 즉시 퇴사해야 한다.

어떤 회사에서 일하느냐보다, 어떤 부서에서 일을 하느냐가 중요하다. 마케팅 관련, 전 분야를 다뤄 볼 수 있는 포지션을 가진 곳에서 다양한 업무를 경험해 보는 것이 매우 현실적으로 중요한 포인트이니 참고하길 바란다.

다시 한번 설명하자면, 한 가지 분야에서 높은 경험치를 받는 것보다 낮은 경험치라도 다양한 분야를 두루두루 섭렵해 보는 것이 좋다는 의미이다. 그러니 제발 나에게 일이 떨어지게 되면 가리지 말고 최대한 많이 경험해 보자. 또한 매 순간, 최대한 많이 경험해 볼 수 있고 내 포트폴리오에 이력 한 줄 적을 수 있는 경험들을 많이 만들어 내자.

당신이 광고대행사를 선택한다면 반드시 많은 경험을 쌓을 수 있는 조건을 선택하자. 이때 연봉은 생각하지 말고 실력을 키우고 어떤 업무든 간에, 최대한 경험을 많이 해 보는 것이 매우 중요하다. 이 부분은 강조하고 또 강조해도 부족함이 없다. 마케팅 분야의 다양한 프로젝트 1건을 맡아 진행해 보는 것이 마케팅 분야 관련 자격증 1개를 취득하는 것보다도 중요하다. 프로젝트 1건을 진행해 본 당신의 경험이 곧 진짜 자산이다.

위와 같은 맥락으로 기업 내의 인하우스 마케터들도 상황은 마찬가지이다. 결국은 다양한 경험을 하며 업무에 익숙해지는 것이 중요하고, 프로젝트 1건씩 다양하게 진행해 본 경험이 자신의 자산이 되는 것이다.

 하지만 인하우스 마케터들은 이런 부분에서 조금 불리할 수 있다. 그들은 회사에서 시키는 업무들을 주로 하기 때문이다. 루틴하게 운영되는 루틴 업무들이 시스템화되어 있을 확률이 높다. 업무들이 루틴화되어 있는 경우 진행하는 업무에 대해서는 배울 기회가 있겠지만, 반복되면 익숙해지고 그 이후엔 배울 것이 없다. 배울 것이 없는 포지션은 자기 자신의 실력을 쌓는 데 있어 경험치가 절대적으로 부족해지기 때문에 실력 향상이 더딜 수 있다.

 이러한 맥락을 이해하고 여러분은 끊임없이 자신의 실력을 개발할 수 있는 포지션 또는 업무를 맡아 볼 수 있도록 노력해야 한다. 안 해본 업무라고 해서 절대로 기피하면 안 된다. 기피하는 순간 여러분은 정체될 것이고, 그만큼 추후에 연봉이 상승될 기회는 날아간다.

2. 마케터 평균 연봉

 마케터 평균 연봉에 대해 잡플래닛에서 조사된 자료를 잠시 살펴보자. 네이버에 마케터 평균 연봉에 대해 검색하면 관련 정보가 자세하게 나오니 참고 바란다.

 1년 차 마케터의 평균 연봉은 2,600만 원에서 4,000만 원 정도이다.
 5년 차 마케터의 평균 연봉은 3,540만 원에서 5,500만 원의 수치를 보였다.
 10년 차 마케터의 평균 연봉은 4,800만 원에서 7,000만 원 의 수치를 보인다.

 직군으로 분류해 보면, 가장 높은 평균 연봉을 가진 분야는 전략마케팅 분야에서 5,045만 원이고 가장 낮은 평균 연봉을 가진 분야는 온라인마케팅 분야로 3,942만 원이었다.

 필자가 연봉에 대해서 위와 같이 말했다면, 독자인 여러분은 아마 신뢰하지 못했을 것이다. 하지만 이 자료는 잡플래닛에서 나온 자료를 기반으로 어느 정도 신뢰성을 가지고 있다.

필자는 마케터로 성장하면서 엘리트 코스를 밟지 못했고, 고생을 많이 하면서 실력을 키워 나갔다. 가장 연봉이 적은 직무인 온라인마케팅 분야에서 마케팅을 시작했고, 현재는 모든 마케팅 분야를 섭렵하려 애쓰며 전략마케팅 분야의 총괄팀장이라는 점을 주목해 주길 바란다.

필자의 경험을 이야기해 보겠다. 필자가 경험한 팀원 기준 평균 연봉은 3,200만 원 정도인 것 같다. 연차가 좀 있는 팀원이 4,000만 원 정도 받는 것으로 인지하였고 필자와 동일한 급의 다른 팀 팀장은 5,000만 원 정도 받고 있는 것으로 알고 있다.

사실 이때까지만 해도 필자와 다른 팀 팀장 모두 마케팅 분야의 동일한 팀장이었지만, 필자는 5,000만 원보다 더 높은 연봉을 받고 있었다.

다른 팀 팀장은 연봉이 4,500만 원이었는데, 필자는 뭐가 달라서 더 높았을까?

A 팀장의 직전 연봉이 8,000만 원이고 B 팀의 팀장은 연봉이 5,000만 원이라고 가정해 보자.

A 팀장은 직전 연봉 8,000만 원에 합당하는 이력과 포트폴리오를 보유하고 있을 것이다. 또, A 팀장은 그에 합당하는 능력도 갖추고

있고, 이직할 회사에 그 이상의 매출 상승을 일으켜 줄 능력을 갖추고 있을 것이다.

하지만, 막상 입사해서 함께 일을 해 보면 연봉 5,000만 원인 B 팀장과 8,000만 원인 팀장의 실력 차이는 실제로 그리 크지 않은 경우가 많다. 팀장들의 실력은 비등비등했고, 큰 차이가 없었다. 차이가 있다면 인식의 차이다.

기업 오너에게 A 팀장은 앞으로 돈을 더 벌어다 줄 사람으로 인식되었고 8,000만 원 이상의 가치를 가진 사람으로 기억되었다. 반면 B 팀장은 어디서나 찾을 수 있는, 그저 팀장의 역할을 해낼 수 있는 가치만 가진 사람으로 기억되었다.

그저 인식의 차이일 뿐이다. 그 인식에 더해서 기존의 뛰어난 성과가 근거로써 뒷받침되었을 뿐이다. 그 결과가 기업 오너의 입장에서는 능력 차이가 있다고 판단된 것이고 고액 연봉의 가치를 지닌다고 판단하게 된 것이다.

물론, 정말로 능력이 뛰어나고 자기 포장도 잘 할 줄 아는 팀장들도 있을 것이다. 그러나 이 또한 자기 포장으로 가치를 높인 전략인 것이다. 이렇게 한번 가치를 높이면, 그 인식은 좀처럼 바뀌지 않는다.

여러분이 인지했는지 모르겠으나, 지금 필자는 고액 연봉자가 될 수 있는 방법에서 가장 중요한 이야기 중 한 가지를 했다. 잘 이해하길 바란다.

이제 다음 장으로 넘어가서 마케터로 연봉 상승하는 법에 대해 알아보자.

3.
마케터로 연봉 상승하는 법

다른 장에서도 언급하겠지만, 마케팅은 영리를 추구하는 법인 회사라면 없어서는 안 될 매우 중요한 부서 중 하나이다. 간혹 이렇게 말하는 사람들이 있다.

"우리 회사는 규모가 작지만 마케팅 부서 없이도 매출이 높아요. 말을 좀 부풀리는 경향이 있으시네요?"

마케팅의 '마' 자도 이해하지 못하는 사람들의 이러한 이야기는 그냥 대충 흘려들으면 된다.

다시 말하지만, 마케팅은 영리를 추구하는 일반적인 법인 회사라면 존재할 수밖에 없는 영역이다. 간단하게 생각해 보자. 마케팅을 잘하는 전문 인력들은 결국 회사에 돈을 벌어다 주는 사람들이다. 마케터 한 명 잘 채용해서 운영하면 회사 매출액이 기존보다 증가하고, 마케터 한 명 잘못 뽑으면 회사가 망한다는 우스갯소리도 있다.

이처럼 한 법인 회사의 마케팅팀은 그 정도로 영향력이 큰 포지션이고 법인 내의 헤드 또는 브레인과 같은 존재들이 팀을 이루고 있는 집단이다.

만약 당신이 확정적으로 회사에 돈을 벌어다 주는 마케팅팀 내의 팀원이라면, 매년 연봉을 천만 원씩 상승시킬 수 있을 것이다. 그게 가능한 유일한 분야가 마케팅이다.

"저기 잠시만요…. 저는 확정적으로 회사에다 돈을 벌어다 주는 마케터인데요. 저는 매년 연봉이 천만 원 정도씩 오르지 않아요…. 거짓말하시는 거 아닌가요?"

당신이 혹시라도 위와 같은 마케터라면, 이 책을 끝까지 읽기를 추천한다.

회사에서 마케팅 팀장으로 근무를 하다 보면 다양한 마케터를 만나 볼 수 있다. 능력이 있는 마케터도 만나 볼 수 있고 상대적으로 능력이 떨어지는 마케터도 만나 볼 수 있다. 필자는 그 둘을 모두 바라보고 있자면, 안타까운 마음이 들 때가 있다. 필자보다 먼저 입사하여 신입 때부터 열심히 회사를 위해 일하며 최소 2년 이상을 고생했는데, 그들의 연봉은 3,200만 원에서 3,500만 원 정도를 받고 일하고 있기 때문이다. 여러분이 생각하기에 이것이 정상범주라고 생각한다면, 필자와 함께 생각을 조금씩 바꿔 나가 보면 어떨지 조심스레 제안한다.

필자는 그들이 3,200만 원의 연봉을 받고 있는 현실이 당연하다고 생각하는 그 친구들이 너무 안타까웠다. 연봉 협상이나 인상에 대해서도 회사에 요청을 해 본 적이 없는 친구들이었다. 직접 물어보니, 마음속으로는 '연봉이 올라가면 좋겠다'라고 생각했다고 한다. 하지만 시도를 하거나 모종의 행동을 하진 않은 채 단순히 현재 자신의 상황을 당연한 것으로 받아들이고 있었다.

기업의 오너 입장에서는 가성비 좋은 직원을 데리고 있는 것이 효율적이다. 적당한 연봉으로 일 잘하는 친구를 데리고 있는 것은 당연한 사고방식이다. 대부분의 오너들은 자신의 직원들에 대한 미래의 커리어나 진로 설정엔 관심 없다. 정당하게 월급 주고 일을 시키고 있으니, 너무나 당연한 이치일 뿐이다. 이 마케터들은 자신들의 업무에는 충실했으나, 자신들의 커리어에는 충실하지 못했다고 생각한다.

필자는 이런 부분들이 가장 안타까웠다. 그들은 그저 막연하게 열심히 일하고 경력 쌓으면서 살다 보면 좋은 시절이 오겠지…, 또는 내 노력이 보상받는 날이 있겠지 하고 생각해 버린다. 절대 아니다. 틀렸다. 절대로 그렇게 생각하면 안 된다. 그런 사고방식을 가진 주니어 마케터가 바로 당신이라면 사고방식부터 바꾸길 바란다. 고액 연봉 마케터가 절대로 될 수 없는 요건 중 하나다.

위에서도 잠시 언급했지만, 자신의 가치를 높이지 못하는 마케터가 어떻게 회사 상품을 소비자에게 판매할 수 있겠는가? 기업의 오너들에게 자기 자신부터 비싸게 팔아치울 수 있어야 한다. 자신을 팔아치운다는 말이 거북하게 들릴 수 있다. 하지만 그것이 기본 중의 기본이다.

연봉이라는 것은 연(년) 단위로 책정된 봉급이라는 의미일 것이다. 오너들은 여러분과 계약을 한다.

오너: 1년에 얼마를 줄게.
　　　1년 동안 내가 시키는 업무를 잘 수행해 줘.

간단히 말하면 이런 내용을 계약하는 것이다.

오너가 시키는 업무를 잘 수행하지 못할 것 같은 사람은 채용하지 않는다. 그 사람은 그 연봉을 받을 자격이 없기 때문이다.

필자는 이 과정을 일종의 거래라고 본다.

여러분은 기업의 오너에게 자신의 노동력을 제공하고 돈으로 환산하여 월급을 받는다. 이 얘기는 결국 여러분의 노동력을 특정 시간 동안 제공하고 돈으로 환산되는 것을 말한다. 여러분의 시간이 돈으로 환산되는 것이다. 그리고 능력에 따라 사전에 책정된 연봉을 받게 된다.

 1년에 A라는 사람의 연봉이 3,500만 원이라고 가정해 보자. 필자는 A가 특정 기업에 1년 기준 3,500만 원에 팔렸다고 표현한다.

 기업의 입장에서는 A라는 사람을 3,500만 원에 구입하여 A의 노동력을 제공받는다고 표현할 수 있다.

 어차피 기업에 판매가 될 것이라면, 남들보다 한 푼이라도 더 비싸게 팔려야 하지 않겠는가?

 여러분이 마케터로 근무할 때, 소비자나 잠재고객에게 매출 상승을 위해서 하는 액션은 늘 동일하다.

 상품의 객단가를 높이거나,
 상품을 매력적으로 보이도록 하여 많은 수량을 판매하거나,
 둘 중 하나이다.

 이왕 판매할 거라면, 객단가를 높이는 게 좋지 않을까?

 바로 여러분의 연봉 말이다.

 마케터로 연봉 상승하는 방법에 대단한 비법 같은 것은 없다. 작은

변화나 시작이 당신의 인생을 바꿀 뿐이다. 그저 당신의 사고방식 또는 마인드를 바꾸는 것이 그 첫 번째 발걸음이다.

대부분의 마케터들은 일명 스펙 올리기에만 열을 올리는 경향이 있다. 스펙을 올려서 어디에 사용할 수 있는지 생각해 본 적 있는가? 스펙을 올리면 기업 오너가 연봉을 올려 준다는 보장은 있는가? 생각의 방향성이 너무나도 잘못되었다고 강력하게 지적하고 싶다.

마케터에게 필요한 스펙이 무엇이라 생각하는지 묻고 싶다. 마케팅 관련 자격증, TOEIC과 같은 어학 점수, 대기업에 지원 시 유리할 수 있는 인서울 대학교의 졸업장, 대외 활동, 봉사 점수, 관련 분야의 취업 교육(스쿨), 인턴 생활, 아르바이트 경력, 학점과 같은 것들은 스펙이 맞다.

하지만 이것들이 여러분의 연봉을 상승시켜 줄 수 있는 스펙은 아니다. 마케터로서 취업에 도움이 되는 스펙도 아니다. 대학 졸업 후, 첫 취업을 마케터로 할 때 잠시 도움이 되는 것들이다. 여러분은 그 잠시를 위해 많은 시간 동안 힘들게 노력을 쏟고 있는 것이다.

대학교 학점이 좋은 것은 취업할 때 유리하긴 하다. 학점이나 평점은 그 사람의 성실도의 항목에 기인하기 때문이다. 그러나 기업은 좋은 학점을 가진 지원자를 보면, "성실한 사람이구나"라고 판단하지, "능력이 좋은 사람이구나"라고 판단하지 않는다. 연봉 상승에 도움이 되지 않는다.

학원에서 취업 교육을 받고 온 지원자를 실무자가 접했을 때의 느낌은 이렇다. "제대로 배운 것 맞나? 실무에서 제대로 활용할 수 있는 것 맞나?", "포트폴리오를 본인이 100% 직접 제작한 것이 맞나? 누가 만들어 준 것은 아닌가?"

자신이 직접 만들었고 실력이 있다고 아무리 어필해도 먹히지 않는다. 마케터는 숫자로 판단된다. 취업 교육에서 만들어 준 포트폴리오에는 대부분 ROAS 수치가 빠져 있기 때문이다. 연봉 상승은커녕, 취업이 힘들 때도 있다.

마케팅 관련 자격증은 크게 도움이 되지 않는다. 대부분 사설 기관의 검증도 제대로 되지 않은 자격증들이고, 유일하게 업계에서 인정해 주는 검색 광고 1급 자격증이 긍정적인 영향을 주는 것 역시 신입 마케터 기준에서다. 경력직 기준으로 연봉 상승에는 전혀 도움이 되지 않는다.

대학교의 졸업장은 아름답고 좋은 액세서리 같은 것이다. 졸업한 대학교의 네임 밸류에 따라 초봉의 수준이 영향을 받을 수 있다. 대학교의 네임 밸류가 높으면 높을수록, 첫 직장부터 대기업에 입사할 수도 있을 것이다. 이직할 때 연봉 협상에 조금 유리할 수 있다. 하지만, 좋은 대학 나왔다고 해서 연봉 상승률에 고점을 반영해 주지는 않는다.

   TOEIC과 같은 어학 점수는 전혀 필요 없다. 원어민 수준으로 특정 언어로 대화할 수 있는 게 아니라면 외국어 관련 스펙은 실무에서 거의 쓸모가 없는 수준이다.
   단, 특정 외국어를 원어민 수준으로 할 수 있다면 얘기가 많이 달라진다. 해외마케팅은 연봉 수준이 다르다. 매우 높아진다. 특정 외국어를 원어민 수준으로 할 수 있고, 여러분의 마케팅 실력이 일취월장한다면 연봉 1억은 금방 넘어서게 될 것이다.

   대외 활동이나 서포터즈, 봉사활동 점수 같은 것은 마케터로서의 취업에 조금 도움이 될 수 있을지언정, 연봉 상승에는 무의미하다.

   아르바이트 경력이나 인턴 생활은 어떤 분야에서 일을 해 보았는지에 따라 취업에 긍정적인 영향을 줄 수 있다. 마케팅 분야에서 일을 해 보았다면 취업이나 이직 시에 조금 도움이 될 수 있다. 하지만 그 역시 연봉 협상에 도움이 되진 않는다.

   그렇다면 연봉 상승에 도움이 될 수 있는 스펙은 어떤 것들이 있을까?

   가장 일반적이고 대표적인 것은 본인의 성과 수치를 가장 잘 표현할 수 있는 ROAS, ROI, ROE와 같은 것들이다. 마케터가 표현해야 할 것은 결국 긍정적인 수치가 표현된 숫자들이다.

필자가 지적하는 것은, 대부분의 주니어 마케터들은 이러한 생각조차 하지 못한다는 부분에 있다. 이러한 생각을 할 수 없는 것이 당연하다. 여러분은 처음이니까, 경험해 보지 못했으니까, 누가 옆에서 알려 주지 않으니까. 알려 줘도 들으려 하지 않고, 믿지 않으려는 사람들도 있었다.

이 숫자들을 잘 만들어 낼 수 있는 스펙은 다음과 같다.

공모전, 동아리 활동을 통한 실무 프로젝트와 같은 스펙들이 연봉 상승에 도움이 될 수 있다.

공모전에서 1등 혹은 금상, 상금 3,000만 원을 받았다고 가정해 보자. 숫자나 성과로 표현할 수 있는 것들이다. 그리고 그 공모전에서 발휘한 실력을 실무에서 그대로 투사하여 실무에서도 높은 ROAS나 ROI 같은 수치들을 긍정적으로 끌어낼 수 있는 실력이 있다고 판단한다. 이러한 과정을 바탕으로 좋은 성과 수치를 뽑아낼 수 있고 그로 인하여 연봉 상승에 도움이 될 수 있다.

동아리 활동을 하며 실무 프로젝트를 맡아 본 이력이 있을 때에도 다른 직원들보다는 긍정적인 수치를 잘 뽑아낼 수 있다고 판단한다. 실무를 직접 뛰어 본 경험이 회사 업무에서도 높은 성과를 낼 수 있게 만든다. 이 높은 성과들은 연봉 상승에 도움이 된다.

원어민 수준의 외국어 능력은 조금 결이 다르다. 위에서 언급한 것처럼 실무에 바로 투입되어 긍정적인 성과 수치를 내지 못할 수 있다. 하지만, 애초에 정해진 급여 테이블의 레벨이 다르다. 취업에 성공하면 주위 어느 마케터보다 높은 연봉을 받고 시작할 것이다. 몇 년 일하고, 타 회사로 이직할 때 이 책의 후반부 내용을 참고하면 더 높은 연봉으로 이직이 가능할 것이다.

필자가 결국 하고 싶은 말은, 여러분이 일반적으로 노력하여 쌓아 두는 스펙들은 대부분 "취업을 한다"에 초점이 맞춰져 있다는 것이다.

초점이 잘못 맞춰져 있다.

고액 연봉 마케터가 되는 방향성을 가질 수 있는 성과 수치들로 초점을 다시 맞춰 보자.

필자가 말하는 고액 연봉 마케터라는 것은 결국 자신을 회사에 비싸게 팔아 치운다는 것을 의미한다.

이러한 맥락으로 필자는 필자와 함께 일해 줄 팀원을 채용할 때, 자신의 가치를 드높이지 못하는 마케터들은 1차 면접에서 드롭(drop)해 버린다. 미래의 내 팀원이 자신의 가치를 높일 줄도 모르는 상태로 회사의 매출을 상승시킬 수 있다고 주장한다면, 그 면접 지원자는 자신이 걷고 있는 길이 어디로 이어지는지도 알지 못할 것이기 때문이다. 다시 한번 강조하는데, 이러한 마인드나 사고방식은 하루 빨리 바꾸기를 강력하게 제안한다.

　서로 마주 보고 이러한 얘기들을 꺼내면 이상한 꼰대 아저씨가 자꾸 남의 일에 감 놔라 배 놔라 한다고 생각할 수 있다. 그 이상한 아저씨도 한때 여러분과 같이 연봉 3,600만 원에 만족해하며 막연하게 행복한 미래를 바랐다. 그리고 그것은 그저 바람일 뿐이고, 현실은 다르다. 그 이상한 아저씨한테 한 번만 속아 보자. 당신의 인생이 긍정적으로 바뀔 것이다.

　마케터로 연봉 상승하는 법의 첫 번째로 마인드나 사고방식의 변화를 제안했다면, 두 번째는 자신의 가치를 드높이는 연습을 하는 것이다.
　뒤에서도 자신의 가치를 높이는 방법에 대해 이야기를 풀어 나갈 예정이다. 뒤에서 풀어 나갈 얘기는 실력에 관한 것들이다. 어떻게 실력을 키워 나갈 것인가에 대한 이야기를 다루게 될 것이다.

　필자가 지금 이야기하고 싶은, 자신의 가치를 드높이는 연습이라는 것은 자기 자신의 브랜딩이다. 회사의 상품을 브랜딩하는 것은 여러분의 업무 중 하나일 것이다. 너무나 당연하게도 늘 하는 일인데, 그것을 자신에게 적용할 생각은 하지 못하는 경우가 태반이다. 생각을 하더라도 실행을 못 하는 경우는 더 많다.

　본인 스스로 자신의 이름을 브랜딩해 가치를 높여 보자. 브랜딩을 하고 브랜드 가치가 강화된다면, 그 상품의 가격은 프리미엄이 붙는다. 여러분이 마케터라면 잘 알고 있는 사실 중 하나다. 여러분도 자신의 가치를 브랜딩하여 프리미엄 가격이 붙은 자신을 만들고 싶지 않은가?

어떻게 자기 자신을 브랜딩할 것인지, 구체적으로 무엇을 어떻게 하라는 것인지에 대해 궁금하다면 개인적으로 필자에게 상담을 신청해도 좋다. 하지만 당신이 마케터라면 이 정도는 혼자서도 잘 해낼 수 있지 않을까? 여러분이 자기 자신을 브랜딩하지 못하는 이유는 실력이 부족해서가 아니다. 그럴 생각을 하지 못했다는 팩트와 함께 현재의 사고방식 때문이다.

세 번째는, 자신의 가격에 대해서 고민하는 시간을 갖는 것이다. 두 번째와 조금 비슷한 결이 느껴지는 내용일 수 있다. 하지만 똑똑한 당신이라면 금방 필자 말의 요점을 이해할 것이다.

위에서 자신의 가치를 드높이고, 자신의 가격에 프리미엄을 붙이라고 언급했다. 여기서 한 가지 궁금한 점이나 반론이 생길 것이다.

남들이 바보가 아닌 이상, 내 스스로 프리미엄 가격을 붙인다고 해서 남들이 그것을 인정해 주는가? 이에 대한 의문이 가장 큰 불신을 불러일으킬 수 있다.

결론부터 말하면, 인정해 준다. 인정하지 않을 것 같다고 생각하는가? 사실은 그렇지 않다.

예쁘게 포장해서 소비자에게 판매하는 것이 마케터의 일이다. 그 소비자는 호구라서 특정 상품에 프리미엄 가격이 붙어도 군말 없이 사는 것이 아니다. 그럴 만한 가치가 있다고 믿거나 판단하기 때문에 구매 전환이 발생된다.

판단하는 사유에는 여러 가지가 있겠지만, 결국 그 가치에 그 가격이 타당하다고 생각해 버린다. 물론 꼼꼼하게 여러 회사들의 상품을 비교해 가며 최저가로 사는 것이 일반적이긴 하지만, 그렇다고 해서 브랜딩된 값비싼 상품이 팔리지 않는 것은 아니다. 이 사실은 당신이 마케터라면, 주니어라 해도 잘 알고 있는 사실일 것이다.

브랜딩된 내 스스로의 가치에 대해서 토를 달 수 있는 사람은 아무도 없다. 프리미엄 가격이 붙어 브랜딩된 당신을 회사가 구매할 의사가 있는지 없는지만이 의미가 있다. 그리고 대부분은 구매할 의사가 있지만, 회사가 그만한 사정이 되지 않을 때 연봉 하향 협상을 한다. 여러분이 예쁘게 포장해 둔 여러분의 가치를 훼손하면서 말이다. 이런 경우는, 그저 기업 오너가 여러분을 가성비 좋고, 효율적으로 활용하기 위한 방법에 지나지 않는다.

여러분은 자신이 포장해 놓은 가치를 훼손하지 않고 그대로 구매해 줄 수 있는 특정 기업의 오너에게 자신을 판매하면 된다. 자신의 가격은 그냥 그렇게 단순한 원리에 의해 결정된다. 기업의 오너에게 팔리기 위해 자신의 가치를 깎아내릴 필요도 없고, 예쁘게 포장해 놓은 자신의 가치를 훼손할 필요도 없으며, 타인이 훼손하려 시도한다고 해서 깎이는 가치도 아니다. 자신의 가치에 대한 명확한 근거만 제시할 수 있다면, 전혀 어렵지 않은 일이라는 것을 강조하고 싶다. 그저 여러분이 마음먹기에 달린 것일 뿐이다.

4.
개인의 경험에 의존한다

여러분은 개인적으로 자신의 경험이 남들보다 특별하다고 생각한 적이 있는가? 아니면 남들에게 특별하게 보일 남다른 경험을 가지고 있는가? 자신의 경험이 일반적인 경험과는 다르게 희소성이 있는 경험을 가지고 있다고 생각하는가?

개인의 경험은 그 가치가 전문적일수록 높게 표현될 수 있다.

필자는 뛰어나다. 평소 다른 분야나 모습에 대해서는 근자감이라고 치부해 버릴 수 있겠지만 마케팅 분야에서는 진지하다. 이렇게 필자는 중2병 걸린 마케터이지만, 실력만큼은 확실하다고 자부한다. 그리고 그만큼 실력에 대한 자존감도 매우 높다.

필자의 MBTI는 ESTJ이다. ESTJ들의 공통적인 성향 중 하나가 '증명하는 것'이라는 말을 최근에 들었다. 특정 분야의 업무 능력에 대해서 능력이 없다거나 실력이 없다는 말을 듣게 되었을 때 "팩트로, 행동으로 증명해 주마"라고 생각하는 밈이 돌아다니는 것을 본 적이 있다. 이와 더불어 친목을 함께 도모하는 친구들과 수다를 떨었는데,

ESTJ들의 특징이라고 했다. 그리고 필자는 너무 공감했다. 지금까지의 내 모습이 바로 그랬으니까……. 능력이 없다고 하면, 그 자리에서 상대에게 더 말해 봤자, 씨알도 먹히지 않는다고 생각하기 때문에 난 늘 행동으로 팩트를 만들고 내가 무능력하지 않다는 것을 증명해 왔다.

그래서 필자가 뛰어나다는 것은 기정사실이다. 뛰어난 마케터의 경험이 담겨 있는 정보를 온전히 흡수하는 것만큼, 마케터로서의 빠른 성장을 이룰 다른 방법이 있을까? 또한 필자의 그 경험을 여러분의 것으로 만드는 것이, 여러분이 고연봉 마케터가 되기 위한 지름길이 아닐까?

당신이 마케터로 성장하거나 취업하는 데 있어서, 이미 현직에 있는 뛰어난 마케터의 개인적인 경험만큼 중요한 것이 있을까?

늘 오류는 있다. 뛰어난 마케터의 개인적인 경험은 크게 도움이 되지만, 사실상 직접 다양한 것들을 경험하는 것이 가장 크게 도움이 된다. 필자가 이렇게 당당하게 뛰어나다고 (부끄럽지도 않게) 스스로를 어필하고 있는 건, 그동안 겪어 온 개인적인 경험들을 바탕으로 하고 있기 때문이다.

실패한 경험들도 결국엔 실력을 쌓는 데 좋은 양분이 되었고, 성공한 경험들은 실적이 되어 '나'라는 마케터의 성과지표를 수치로 표현하여 실력 있는 마케터라는 검증 자료가 되었다. 그리고 그 검증 자료들은 포트폴리오라는 이름으로 정리되어 이직할 때, 나를 타 회사로 비싼 값에 팔아 치우는 데 큰 영향을 주게 된다. 결국 이 모든 건, 경험을 토대로 형성된 것들이다.

그래서 결국 여러분들도 개인의 경험에 의존할 수밖에 없다. 다른 사람의 경험을 습득할 수는 있지만, 그것을 활용하는 것은 다른 얘기다. 다른 사람의 경험을 습득한다는 것을 일반적으로 '교육을 받거나 공부한다'라고 표현한다면, 활용한다는 것은 내 것으로 온전히 만들어 내가 필요한 일이나 분야에 사용한다는 것으로 정의한다.

'아' 다르고 '어' 다르듯이, 다른 사람의 경험을 습득한 경우 그것을 해석하고 받아들이는 것 또한 천차만별이기 때문에 A라는 사람에게는 그 경험이 필요 없다고 판단하여 버리거나 잊히는 경우도 있을 수 있고, B라는 사람에게는 그 경험이 적극적으로 활용이 될 수도 있다. 또한, 성공적이었던 필자의 경험을 B라는 사람이 그대로 재현한다고 한들, 반드시 성공하는 것도 아니다.

그래서 개인의 경험에 의존하고 다양한 많은 경험을 압축하여 본인이 습득하고 있는 것이 중요하다. 본인이 직접 습득한 경험에 의한 실력은 언제나 발현될 수 있고 실무에 적용하여 성과를 기대해 볼 수 있기 때문이다.

결국 여러분에게 필요한 것은 포트폴리오에 예쁘게 기재할 수 있는 성과 데이터이다. 광고를 집행했다면, 월 최대 ROAS와 연간 최대 ROAS 등을 기재할 수 있겠고 마케팅 성과로 인한 회사의 매출 상승은 매출 상승액이 전년도 대비 혹은 전년도 동월 대비 얼마나 상승했고, 그 상승이 본인의 어떤 작업으로부터 비롯되었는지 설명할 수 있게 된다. 그리고 그 성과 데이터들은 여러분의 연봉을 상승시키는 데 매우 좋은 무기가 될 것이다.

이직한 곳에서 고연봉 마케터가 되려면 내가 이룬 마케팅 활동으로 회사가 얼마의 이익을 실현했고, 이번에 이직하게 되는 회사에서도 순이익을 증가시킬 수 있다는 자신감을 뒷받침할 수 있어야 한다. 그래야 연봉을 상승시킬 때에도 근거 자료가 될 수 있고, 이직하려는 회사에 신뢰감을 줄 수 있다. 이런 것들을 증명하기 위해선 포트폴리오가 필요하고, 그것을 이루려면 결국 실력이 있어야 하며, 실력을 가지려면 개인적인 성공과 실패에 대한 경험이 뒷받침되어야 한다는 것을 필자는 언급하고 있다.

5.
마케팅의 시작은 타기팅(TARGETING)이다

　마케팅 업무를 제대로 해 보고 싶지만 그 방법을 알지 못하여 시작도 해 보기 전에 포기하는 사람들이 있다. 포기하는 이러한 유형의 사람들이 무능한 것이 아니라 그 사람이 처한 환경이 그 사람을 포기하게 만드는 것이라 생각한다.

　또한, 본인이 초보 마케터이지만, 어떻게 해야 제대로 된 고액 연봉을 받으며 성장할 수 있는 마케터가 되는지에 대해 알지 못하는 사람들이 많이 있다.

　우선 적극적으로 도전해 보라고 얘기해 주고 싶다. 이 글을 읽고 있는 대부분의 사람들은 필자보다 나이가 어릴 것으로 예상한다. 애초에 그렇게 타기팅이 이루어진 책이다. 그렇다면 필자는 이 책을 왜 쓰기 시작했을까?

　답은 간단하다. 마케터가 되는 길의 표지판이 되어 주고, 성장할 수 있는 기회를 얻고 싶은 이들에게 판매하기 위해서다. 그리고 아기 분윳값이나 벌자는 아주 숭고하고 속물 같은 생각으로 책을 쓰기 시작했다.

얼마나 팔릴지는 모르겠으나, 나는 취업 시장에서 마케터가 되고 싶은데 어떻게 해야 마케터가 될 수 있는지를 궁금해하는 사람들의 니즈를 읽었다. 그 사람들은 대부분 나보다는 어린 친구들이었고, 지표가 필요한 사람들이었다.

마케팅의 시작은 타깃을 알고 잡아내는 것이다. 그래서 나는 나보다 나이가 어린 여러분을 내 책을 소비할 소비자로 지목하고 시작하는 것이다.

지금과 같은 정보화 시대에서 마케터 취업 시장에 대한 정보를 알고 모르고는 취업에 큰 영향을 끼친다. 그리고 그 정보를 모르는 당신은 뒤처질 수밖에 없다. 마케터로 잘 취업하려면 마케팅과 관련된 자격증을 취득해야 한다고 생각하는 사람들이 대부분이다.

하지만 필자가 단언하는데, 아니다. 그 사실은 틀렸다. 일반화의 오류일 뿐이다. 물론 사람마다 생각이야 다르겠지만, 중간 관리자인 팀장급들이 하는 생각은 비슷하다. 당신이 마케터로 취업하기 위해 필요한 것은 마케팅 관련 자격증보다는 당신의 포트폴리오를 완성해 줄 이 책 한 권이라고 강력하게 주장한다.

이번 장인 설득(Persuade)에서 독자들에게 꼭 해 주고 싶은 마지막 한마디가 있다. 마케터로 취업하고 싶다면, 어떻게 고액 연봉자가 되는지 방법을 알고 싶다면, 필사적으로 정보를 얻고 전략을 세워 빠르게 행동하기를 제안한다. 목표에 대해 적극적으로 도전하고 쟁취하길 바란다.

내 얘기가 마음에 와닿지 않는다면 그냥 지나치면 된다. 난 이 책을 팔고 여러분에게 돈을 받겠지만, 이 책을 팔지 못한다고 해서 아쉬울 것도 없다. 하지만 진짜 아쉬운 것은 바로 여러분이다. 이 책을 읽어 본 초보 마케터와 읽어 보지 않은 마케터의 10년 후 연봉 차이는 매우 심할 것이라고 장담하기에, 이 책을 구매하지 않아 손해 보는 것은 바로 당신이다.

2장

— 마케터에 대한 이해

1.
마케터의 종류

마케터로 거듭나기를 선택했다면, 나는 그 선택을 매우 존중한다. 제1장에서 마케터가 매우 좋은 직업이라고 어필해 두긴 했지만, 그 과정은 절대로 쉽지 않다. 만만히 보면 큰코다칠 수 있다. 마케터에는 다양한 종류가 존재한다. 취업 시장에서 직접 확인해 볼 수 있다.

잡코리아 같은 유명한 취업 사이트들에서 조금만 검색해 보아도 마케터의 종류에 대해서 금방 알 수 있다. 하지만 종류에 대해 파악한다고 해서 마케터에 대해 이해도가 생기는 건 아니다. 일반적인 마케터의 종류는 다음과 같다.

- 브랜드 마케터
- 콘텐츠/SNS 마케터
- 디지털 마케터
- 온라인 마케터
- 퍼포먼스 마케터
- 그로스 마케터
- 에이전시 마케터(대행사 or 렙사)

- 인하우스 마케터

꽤 많은 종류의 마케터들이 있다. 단어만 보면 엄청 대단해 보이지만, 조금 알고 보면 대단할 것도 없다. 그냥 마케팅 업무에 특화된 명칭일 뿐이고, 마케팅 업무의 R&R과 회사의 니즈에 따라서 붙여지거나 파생된 단어일 뿐이다. 네이버에 '디지털 마케터'를 검색해 보면 퍼포먼스 마케터와 함께 중복된 정보들이나 합성된 정보들이 중구난방으로 나타난다. 그 정보들을 읽다 보면 그 글을 쓴 글쓴이들도 명확한 차이를 모르는 경우가 있다.

필자는 마케터의 유형을 이렇게 정리해 보고 싶다.

특정 브랜드의 광고주 측인 인하우스 마케터
대행사 측인 에이전시 마케터
마지막으로 광고매체가 될 수 있는 매체사 측의 마케터

이렇게 크게 3가지 분류로 구분될 수 있다.

특정 브랜드의 광고주 측 인하우스 마케터는 말 그대로 특정 브랜드를 가진 법인 회사 내에 존재하고 있는 마케팅팀 내에 구성된 마케터로 이해하면 된다.

에이전시 마케터는 일반적으로 광고주 측과 인하우스 마케터들의 외주 업무를 수행하는 성향으로 생각하면 이해가 빠르다. 제일기획이나 HS애드, 대홍기획 등 대기업의 굵직한 대행사들을 제외하고 생각하면 더 이해하기 쉽다. 그냥 국내에 존재하는 흔하디흔한 대행사들에서 근무하는 마케터로 생각하면 된다. 이들은 일반적으로 '을'의 입장에 놓이기 쉽다. 대행사들이 국내에 수천 개가 넘는 만큼, 광고주 측의 업무를 수주하는 것도 쉬운 일은 아니다.

여기에 한 가지 독특한 포지션이 있다. 렙사에서 근무하는 에이전시 마케터들이 있는데, 렙사는 대행사와 같은 개념으로 생각하면 된다. 하지만 일반적인 대행사와 다른 점은 광고를 직접 집행할 수 있는 광고매체를 회사가 보유하고 있다는 것이다. 여기서 렙사는 대행사와 큰 차이점을 보인다.

가령 예를 들면 나스미디어(KT의 자회사)라는 렙사가 있는데, KT는 인터넷 회선을 통한 IPTV를 전 국민에게 서비스하고 있고 이 과정에서 여러분이 미처 인지하지 못한 수많은 광고 상품들이 있다. 나스미디어에서는 이러한 광고 상품을 직접 컨트롤할 수 있는 특징이 있는 점에서 일반 광고대행사들과는 성향이 다르다. 쉽게 말하면 광고매체를 가지고 있는 대행사라고 인지하면 된다.

이런 식으로 광고매체를 직접 보유한 대행사나 광고매체사들이 꽤 많이 있는데 광고매체를 들고 있는 회사들이 광고 대행 업무를 함께 한다면 렙사라고 이해하면 된다.

매체사 측 마케터들은 말 그대로 광고매체를 가진 법인에서 근무하고 있는 마케터들이다. 매체사 측 마케터들은 광고대행사들이나 광고주 측에게 자신들의 광고매체를 상품화하여 영업하거나 영업 자료를 만드는 업무들을 한다.

가령 예를 들면, 누구나 이름만 대면 쉽게 알 수 있는 당근마켓 앱을 살펴보자.

당근마켓 앱은 자신이 사용하던 물건들을 부담 없이 중고 거래를 함으로써, 사람들 간의 커뮤니케이션 형성과 실익을 챙길 수 있는 환경을 조성하고 있다. 앱이 만들어진 취지가 너무 좋고, 사람들의 반응도 좋다. 그래서 규모가 많이 커진 상태이며 요즘은 "당근 하러 왔어요"라고 아파트 경비 아저씨께 "문 열어 주세요" 하면 문도 그냥 열어 준다.

그런데 혹시, 당신은 당근마켓의 수익 구조에 대해 생각해 본 적이 있는가? 당신이 마케터라면 생각해 본 적이 있어야 한다. 이걸 생각해 본 적이 없다면 잘못된 것이라고 꼬집고 싶다. 초보 마케터라면 당연히 생각해 보아야 할 문제이고, 마케터가 되어 취업을 하는 것이 목적이라면 지금부터라도 생각해 보자.

게임 앱 같은 경우에는, 게임 내에서 제공하는 서비스 중 일부를 결제 유도 전략, 일명 '현질'을 일으키는 전략을 사용하여 수익화하고 있다.

그리고 여러 다양한 앱들 역시 자신들만의 수익 구조를 가지고 있다.

그렇다면, 당근마켓의 수익 구소는 어떨까?

그들은 우리가 이웃 주민과 중고 거래를 할 때 그 흔한 수수료조차 떼질 않는다. 수수료를 수익화 모델로 잡아, 갑자기 정책을 바꾸게 되면 당근마켓의 인기도와 점유율은 추락할 가능성이 높으며 사람들이 더 이상 찾지 않게 될 확률이 높아진다. 공짜니까, 접근성이 뛰어나니까, 편리하니까의 이유로 대중들이 사용하기 때문이다.

나는 멀리서 당근마켓이 성장하는 것을 보며, 안타깝다고 생각했다. 당장에 현금으로 만들 수 있는 수익화 모델이 광고를 제외하고는 없다고 판단했기 때문이다. 그 생각을 하고 난 몇 달 뒤쯤부터 대행사들 사이에서 당근마켓이 광고 영역을 개설하고 있다는 소문이 돌기 시작했다. 그리고 특정 시점이 지나자 당근마켓은 수익화 모델을 광고로 잡기 시작했다.

수익화 모델을 광고로 잡으려면, 광고주가 필요하다. 사람들은 많이 모였지만 당근마켓에 이용료를 내지 않는다는 것이 당근마켓이 직면했던 문제였을 것이다.

잠시 다른 얘기지만, 플랫폼에 사람들이 모여 있으면 기업들은 자신들의 브랜드를 사람들에게 알리기 위한 광고를 집행하는 것에 거리낌 없이 지갑을 연다. 지금과 같이 경기가 좋지 않아 법인들의 매출액이 떨어지는 시기에는 더욱더 공격적으로 광고 비용을 투자하는 것이 일반적이다. 매출이 떨어지면 광고비를 추가로 투자해서라도 전월이나 전년도 동월대비 매출액과 비등하게 맞추거나 그 이상의 매출액을 뽑아내는 것이 정석이기 때문이다.

다시 주제로 돌아와서, 광고주는 사람들이 모여 있는 곳에 광고하길 원했고, 당근마켓에는 사람들이 많이 모여 있었다. 조건은 충족되었다. 당근마켓 앱 내에 광고 영역을 개설하면 된다.

그리고 광고 영역을 오픈하였다는 것을 수많은 광고주들에게 영업하거나 홍보하여 알리면 된다. 이 과정에서 관련 업무를 하는 것이 매체사 측의 마케터들이 하는 업무들이다. 자신들의 광고 상품에 대한 매체 소개서를 만들고, 영업을 하는 업무가 기본이 된다.

내 책을 구입한 여러분에게 감사하는 마음으로 잠시 딴소리를 하자면, 사람들이 모여 있는 매체, 즉 트래픽이 몰려 있는 매체는 언제나 광고주의 광고가 먼저 몰리기 마련이다. 집중되는 트래픽을 현금화하는 가장 빠른 방법은 광고이다. 똑똑한 친구들이라면 유명하고 벌크(bulk)한 타 매체들을 살펴보며 이해하길 바란다.

크게 광고주 측 마케터인 인하우스 마케터, 에이전시 마케터, 매체사 측 마케터로 구분해 보았다. 그럼 브랜드, 콘텐츠, 디지털, 온라인, 퍼포먼스, 그로스 마케터들은 어떻게 분류하면 좋을까?

이 마케터들은 각 회사 내의 업무 R&R이나 회사 니즈에 따라 정한 포지션에 적합한 인재들을 이르는 것으로 이해하면 된다.

광고주 측에서는 마케팅 전략과 브랜딩 전략을 다루는 브랜드 마케터들을 많이 보유하고 있는 것이 일반적이고, 그와 더불어 회사의 니즈에 따라 콘텐츠 마케터나 퍼포먼스, 그로스 마케터들을 함께 마케팅팀별로 구성하고 있다.

대행사 측에서는 광고주 측의 의뢰를 수주하여 맞춤형 업무를 진행할 수 있는 구조로 세팅되어 있기 때문에 브랜드 마케터들보다는 콘텐츠, SNS 마케터들과 함께 퍼포먼스 마케터들이 주로 구성되어 있다.

본인이 마케터가 되고 싶다면, 또는 진로를 제대로 결정하지 못한 초보 마케터라면 각 마케터의 역할과 포지션을 정확하게 숙지하고 마케팅 진로와 분야를 어떤 방향으로 설정할지에 대해 심사숙고하여 결정하는 것이 중요하다.

필자는 개인적으로 연봉 단가가 높은 마케터 직군을 선택하는 것을 추천한다.

2.
타 부서 일반 사무직과 마케터의 사이

타 부서의 일반 사무직 직원들과 마케터의 사이에 이질감은 크게 없다. 그냥 잘 어울리고 서로 협업하여 업무를 처리하고, 쉬는 시간에 담소도 나누고 점심 식사도 같이하며 잘 어울리는 것이 일반적이다.

하지만 연봉에서도 과연 이질감이 없을까?
연봉 상승 부분에 있어서도 이질감이 없을까?

일반 사무직들 중 일부 능력 있는 사람들 중에서도 분명히 고연봉자가 있다. 하지만 대부분의 일반 사무직 종사자들의 연봉은 매년 거의 동결되는 수준으로, 매우 낮은 연봉 상승률을 보인다. 이건 누구도 부정할 수 없는 사실이다.

마케터들 중에서도 위에서 언급한 일반 사무직 직원들과 같이 낮은 연봉 상승률을 보유한 마케터들이 있다. 그리고 다른 이면에는 매년 연봉 협상 시, 높은 연봉 상승률을 가진 마케터들도 존재하고 있다.

일반 사무직보다는 마케터가 더 높은 연봉 상승액과 더 잦은 연봉 상승 기회를 가질 수 있는 것이 장점이라는 말을 하고 싶었다. 어차피 같은 사무직이기도 하니까······.

그리고 나는 그 방법에 대해서 디테일하게 구체적으로 이 책에서 풀어 나갈 예정이다.

3.
멘붕 ON 마케터들과 그들만의 사정

 마케터로 취업이 완료된 우리 팀 내의 인턴사원 ○○○ 씨는 필자에게 마케팅 관련 교육을 받던 중 크게 당황하는 일이 발생했다. 속된 말로 멘붕 상태까지 간 상황이었다. 인턴사원이 생각하던 마케팅과 실제 마케팅의 갭이 매우 컸기 때문이다.

 필자는 개인적으로 본질적인 내용을 매우 중요시하는 성향이 있다. 그래서 마케팅 팀원에 대한 면접을 볼 때나 교육을 할 때, 회사 내 다른 부서원 또는 전사적으로 마케팅 교육이 진행될 때에 항상 같은 맥락을 짚고 넘어간다.

 "마케팅이 뭐라고 생각하세요? 마케팅 하면 떠오르는 것은 무엇일까요?"

 당신이 생각하는 마케팅이란 무엇인가?
 마음속으로 마케팅이란 무엇인가에 대해 곰곰이 생각해 보고 그다음 내용들을 이어서 읽어 주면 좋겠다.

일반적으로 내가 이런 질문을 던지면, 사람들은 다양한 내용으로 답변해 준다. 어떤 사람은 SNS 마케팅이나 유튜브 마케팅, 인플루언서를 활용하는 내용을 이야기하고, 또 어떤 사람들은 사람들에게 특정 정보를 알리는 것이라고 이야기한다.

틀린 답변은 아니다. 하지만 필자가 원하는 정답도 아니다. 사실 지금까지 교육 시간에 위와 같은 질문을 했을 때, 내가 원하는 정답을 맞힌 사람은 지금까지도 단 한 명도 없었다.

마케팅에 대한 본질적이고 원론적인 얘기를 하는데 그동안 그 질문에 대한 정답이 단 한 명도 없었다는 점에서 의구심이 들 수 있다. 마케팅의 정의가 그렇게 어려운 문제는 아니기 때문이다. 하지만 함정이 있다.

마케팅은 초등학생들도 다 아는 단어이고, 누구에게나 매우 친숙한 단어이다. 그리고 그 의미 역시 어려운 내용이 아니다. 그렇기 때문에 자신이 마케팅의 기본적인 내용에 대해 잘 알고 있다고 착각하는 함정에 빠진 것이라고 필자는 판단하고 있다.

정말로 정확한 정답을 말할 수 있는 사람이 없었다. 또한, 광고홍보학과나 마케팅 관련 전공자들도 이 질문의 함정에서 자유로운 사람이 없었다. 그나마 전공자들은 비슷하게나마 정답을 얘기한 케이스도 있었지만, 내가 원하는 정답을 말한 사람은 정말로 단 한 명도 없었다.

면접 진행 시 '마케팅팀의 예상 면접 질문이라고 한다면 누구나 가장 먼저 생각해 볼 수 있는 마케팅의 정의'에 대한 내용임에도 불구하고 제대로 된 답변을 한 사람은 없었다.

이 상황이 우리가 주목해야 할 팩트이다. 너무나 친숙한 단어인 나머지 마케팅의 정의에 대해 똑 부러지게 설명할 수 있는 사람이 많지 않지만, 일반적으로 사람은 자신이 마케팅에 대해 잘 알고 있다고 치부하고 간과해 버리는 것이다.

그래서 이와 같은 질문을 하고 본질적인 내용 또는 마케팅에 대한 정의에 대해 짚고 넘어간다. 다시 묻겠다.
당신이 생각하는 마케팅이란 무엇인가?

마음속으로 답변하셨다면 다음 질문을 이어서 하겠다.

"그렇다면 광고는 뭐라고 생각하는가? 그리고 홍보와 광고의 차이는 무엇인가?"

이 질문에 대한 대답도 우선은 마음속으로 해 주면 좋겠다.

내가 여기까지 질문을 하면, 대부분의 사람들은 정신이 혼란해지기 시작한다. 이 맥락을 분명하게 짚고 넘어가는 것을 필자는 매우 중요시한다. 본질을 제대로 아는 것만이 마케팅의 시작이라고 필자는 늘 강력하게 주장하기 때문이다.

 광고에 대해 질문하면, 대부분의 사람들은 자신이 알고 있는 광고에 대해 그들 나름대로 열심히 설명해 준다. 그러나 그들 스스로 마케팅과 광고의 차이에 대해 어리둥절해하고 자신이 무슨 말을 했는지 이해하지 못하는 상황이 발생한다. 대부분의 초보 마케터들 중에서는 마케팅과 광고의 차이에 대해 제대로 설명하는 사람이 없기 때문이다. 내가 팀원으로 데리고 있던, 3년 경력의 경력직 마케터도 이 질문에서 자유롭지 못했다.

 필자를 겪어 본 모든 마케터들은 이러한 부분 때문에 첫 번째 멘붕이 온다. 필자는 이 책에서 마케팅이 무엇인가에 대해 시원하게 말하지 않고 계속 질질 끌면서 생각만 해 보라고 했다. 여기서 한 가지 추가 질문을 더 하겠다. 이 내용을 읽으면서 동시에 네이버에 "마케팅"이란 키워드로 검색을 해 보았는가? 자신은 마케팅에 대해서 정확하게 알고 있다고 생각하는가?

 필자는 일반적으로 교육을 진행할 때, 해답을 잘 말해 주지 않는 스타일이다. 스스로 찾아서 학습하는 것이 학습 효과가 더 크기 때문에 해답을 찾는 방법을 가르쳐 주는 편이다.

 다시 질문하겠다. 혹시 아직도 네이버에 "마케팅"이란 키워드로 마케팅의 정의에 대해서 검색을 하지 않았다면 당신은 마케터가 되기 위해서, 또는 실력 있는 마케터로 성장하기 위해서, 고액 연봉을 받는 마케터가 되기 위해서, 마케팅에 대한 자세와 태도를 조금 더 적극적으로 다가갈 필요가 있다고 본다.

분명하게 얘기하는데, 이 내용에 대해 필자가 텍스트로 잔소리한다고 해서 대충 넘기지 않는 것이 좋다.

키워드 "마케팅이란"으로 검색해 보니 네이버에 어떤 내용이 나와 있는가? 네이버에 나와 있는 정보를 기준으로 마케팅의 정의에 대해 검색하고 이야기해 보자.

검색해 본 결과를 확인해 보았는가?

이 팩트를 가진 정보에 대해 부정할 사람은 아무도 없다. 정확한 내용이긴 하지만 필자 역시 마케터로서 마케팅의 정의에 대해 이야기하자면 아래와 같다.

"기업의 경영 및 수익 모델 등의 매출 발생을 위해 기업이 벌이는 모든 비즈니스의 활동으로서, 특정 제품을 생산하여 기획 및 판매 활동 등을 진행할 때, 해당 제품이 소비자의 손바닥 위에 올라가기까지의 모든 일련의 활동"

네이버에서 말하고 있는 마케팅 정의에 대한 내용과 크게 다르진 않다. 하지만 내 개인적인 경험을 섞어 표현하자면 저렇게 표현할 수 있을 것 같다.

앞서 언급했듯이, 다른 사람들에게 마케팅에 대해 묻는다면 SNS 마케팅이나 유튜브 마케팅, 인플루언서, 블로그, 네이버 광고 등 특정 정보들을 알리는 것이라고 대부분 답변한다. 그리고 해당 답변은 절대 틀린 답변이 아니다. 하지만 정답도 아니다.

당신은 마케팅의 정의나 본질적인 부분에 대한 답변을 어떻게 생각하고 있었는가?

내가 그 답변을 들을 수는 없겠지만, 당신의 대답 역시 절대 틀린 답변이 아니다. 하지만 당신 역시 정답을 말하진 못했을 것이다.

틀린 답변이 아니지만, 정답도 아니라고 말하고 있는 이유는 다음과 같다. 필자가 마케터로서 마케팅의 정의에 대해 이야기한 부분을 기준으로 얘기해 보자.

앞서 언급했듯이 마케팅이란 "특정 제품이 소비자의 손바닥 위에 올라가기 전까지의 모든 일련의 활동"으로 정의되고 있다.

당신의 답변은 여기서 말한 그 일련의 활동에 포함된 내용 중 하나일 확률이 90% 이상이라고 본다.

그 일련의 활동에 포함된 내용이기 때문에 틀린 답변은 아닐 것이라 얘기하였고, 정답 또한 아니라고 필자는 얘기하고 있다. 그렇다면 그 일련의 활동에 대해 이야기를 나눠 보자.

특정 제품이 고객의 손바닥 위에 올라갈 때까지 어떠한 일련의 과정이나 활동들이 있나?

특정 제품을 만들려면 제품에 대한 원재료가 있어야 한다. 원재료를 가지고 제품을 만들 수 있는 공장이나 공장 설비(기계)들도 있어야 한다. 공장을 돌리는 사람의 인건비도 포함되어 있다. 제품 생산을 OEM 한다고 해도 어쨌든 그에 대한 비용 지불은 당연한 것이다. 그렇게 생산된 제품을 운송하는 활동도 포함되어 있다.

제품이 생산되었으면 그 제품을 온라인 활동으로 판매할 것인지 오프라인으로 판매할 것인지에 대해서도 생각해 둬야 하고 오프라인으로 판매가 일어난다면 오프라인 매장도 오픈되어 있어야 한다. 오프라인 매장이 있다면 그 매장을 관리하는 직원의 인건비부터 오프라인 매장의 월세와 같은 고정 비용도 신경 써야 하고 오프라인 매장으로 상품을 운송하는 운송 비용도 염두에 둬야 한다.

온라인 활동으로만 제품을 판매한다고 해도 쇼핑몰이 구축되어 있어야 하고 쇼핑몰에서 구매가 진행될 때의 결제 시스템도 구축해 두어야 하며 결제 후 배송에 대한 문제도 해결해야 한다. 쇼핑몰에서 상품이 잘 팔릴 수 있도록 홍보 활동도 이어 나가야 한다. 홍보 활동에 가장 대표적인 것은 광고이다. 온라인 광고의 대표적인 매체는 네이버 광고를 예시로 들 수 있다.

이것 이외에도 우리가 판매하는 특정 상품이 소비자의 손바닥 위에 올라갈 때까지의 일련의 과정들을 얘기한다면 더 많은 세부적인 것들이 있을 것이다. 이 모든 것들이 바로 마케팅 활동이며, 본질적인 내용이고 정의라고 할 수 있다.

이 시점에서 필자가 마케터로서 마케팅에 대한 정의를 내린 것과 네이버에서 말하고 있는 마케팅의 정의에 대해 다시 한번 살펴보길 바란다.

이제 당신은 마케팅과 광고의 차이에 대해서 잘 설명할 수 있을 것이라고 생각한다. 광고는 마케팅 활동의 일환이며 홍보 활동의 과정일 뿐이다. 이 내용을 참·거짓 혹은 부등호로 표시하자면 이렇게 표현할 수 있다.

마케팅 〉 광고 (O)
마케팅 = 광고 (X)
마케팅 〈 광고 (X)

이 책을 접한 사람들이라면 앞으로 마케팅과 광고에 대해서 누군가에게 설명할 때, 이 차이점을 명확하게 설명할 수 있길 바란다.

필자를 겪어 본 모든 마케터들이 멘붕을 겪는 두 번째 이유는 바로 숫자와 산수 및 통계이다. 사실 숫자와 산수 및 통계가 마케팅 분야에서 너무나 당연시되는 것은 오래된 일이다.

하지만 필자를 겪어 본 모든 마케터들이 멘붕을 겪는 이유는, 그 사실을 모르는 마케팅의 '마' 자도 몰랐던 마케터가 되고 싶은 예비 마케터들이나 교육을 받고 있는 신입 마케터들이 대부분이기 때문이었다. 마케팅은 숫자와 아주 밀접한 관련이 있다. 우리 인턴사원도 숫자 때문에 처음에 멘붕이 크게 왔었다.

사실 산수의 수준은 더하기, 빼기, 곱하기, 나누기, 백분율 정도만 할 줄 알면 된다. 그 외에는 대시보드에 나타나는 통계 수치 자료에 대해서 잘 분석하고 해석해 내면 된다. 매우 쉬운 일이다.

그러나 나중에 알고 보니, 그건 필자의 입장이었을 뿐이었다. 이 내용은 명문대학교를 졸업하고 엘리트 코스를 밟아서 마케터가 된 친구들에게는 전혀 어려운 문제가 아니다. 안 해 본 사람이 있을지언정 시켜 보면 누구나 할 수 있는 내용들이지만, 내가 타깃으로 삼고 있는 이 책을 읽고 있는 여러분은 대부분 엘리트 코스를 밟지 못한 사람들일 것이다. 그건 당신의 잘못이 아니다. 과거는 신경 쓰지 않길

바란다. 그냥 앞으로 잘하면 된다. /토닥, /미소, /응원

반복적으로 언급했듯이 이 책은 마케팅의 '마' 자도 모르는 예비 마케터들이 되고 싶은 사람들을 위한 책이고, 초보 마케터들이 고액 연봉자로 성장하기 위한 기반이 되는 책이다.

필자는 기본적으로 더하기, 빼기, 곱하기, 나누기 등의 산수와 통계 수치 자료를 분석하는 것이 익숙하지 않고 어려운 사람들이 이 책을 읽고 있다고 간주하고 있다.

분명히 얘기하는데, 간단한 산수가 어렵다면 이 책을 다 읽고 나서 산수를 마스터하길 바란다. 어릴 때 공부를 열심히 안 해서 산수 공부 머리가 없다고 마케팅을 포기하지 말고 지금이라도 산수를 연습해서 마스터하길 바란다. 그게 당신의 편안한 사무직인 동시에 특정 회사의 핵심적인 조직 또는 팀에 들어가 마케터로 활동할 수 있는 세 번째 방법이다.

이 부분에 대해서 힘내라는 의미로 몇 자 더 적자면, 사실 필자는 공고 출신이다. 요즘의 특성화고는 일반 인문계보다도 입학이 힘들고 똑똑한 학생들이 지원해서 경쟁이 심한 학교다. 하지만 필자의 세대에서 공고 출신들은 중학교 성적이 좋지 못해서 기술이나 빠르게 배워서 취직하라는 취지로 떠밀어 보내는 정도의 수준이었다. 그 당시 공업 고등학교에서 가르치는 것은 생계를 위한 기술이었지 미분,

적분과 같은 내용은 애초에 가르치지 않는다. 교과 과정에 포함은 되어 있지만 실질적으로 진도는 나가지 않는다. 필자의 세대에서 공고·상고 출신들 중 미분과 적분을 제대로 할 수 있는 사람들은 거의 없다. 그래서 필자는 고등학생일 때 미분, 적분을 제대로 배워 본 적이 없다. 난 이 사실이 어릴 때는 부끄럽지 않았다. 그 대신 나는 그 시기에 웹 프로그래밍을 배우고 있었고, 고등학교 졸업 후 생계유지를 위한 기술을 배운다고 자기합리화를 열심히 하고 있었기 때문이다.

하지만 어쩌다 보니 대학교에 진학하게 되고 대학 생활을 하면서 미분, 적분을 할 줄 모르는 대학생이 되니 많이 부끄러워졌다. 물론 대학생 때는 등록금 벌기에도 바빴기 때문에 미분, 적분을 배울 생각은 못 했었다. 하지만 대학교 졸업 후 취업하고 나서 월급 급여 중 일부를 투자해 SKY 학생들 중 수학과 학생 한 명에게 과외를 의뢰하고 미분, 적분을 배웠다. 나보다 나이 어린 친구들에게 수학을 다시 배운다는 건 생각보다 자존심이 상하는 일이었지만, 이 과정은 내 인생에서 매우 중요한 일이라고 판단했기에 나는 과감하게 과외를 선택했다. 그 결과로 필자는 결국 미분, 적분을 배웠고 할 줄 알게 되었다. (좀 까먹은 건 안 비밀)

불치하문(不恥下問): 아랫사람에게 묻는 것을 부끄럽게 여기지 않는다.

다시 한번 강조하는데, 본인이 마케터를 꿈꾸는데 숫자나 산수 계산에 약하다면 마스터하길 강력하게 추천한다.

그럼 이제 왜 숫자와 산수 및 통계 자료 수치가 마케팅에서 필수적인지 설명하고자 한다. 마케팅에서 숫자는 필수적이다. 선택적이 아닌 절대적이고, 숫자 없인 마케팅이 제대로 진행될 수가 없다. 숫자 말고도 굉장히 중요한 영역들이 여러 개 더 있지만, 마케팅에서 숫자에 대한 빠른 이해는 마케터가 가져야 할 가장 기본적인 소양 중 하나이다. 이 점을 간과한다면 마케터로서 취업하거나 고액 연봉을 받는 마케터로 성장하기는 매우 어렵다.

그럼 마케팅에 왜 숫자가 필수적일까?
다음 아래와 같은 상황을 가정하여 설명해 보겠다.

전제 조건
당신은 현재 A라는 회사에서 마케터로 근무 중이다. A라는 회사는 홍삼 제품을 판매하고 있다. B라는 브랜드명으로 홍삼 제품을 만들어 판매하고 있으며 OEM이 아닌 공장에서 자체 생산을 하고 판매 역시 온라인 판매로 본사에서 직접 진행하고 있다.
홍삼 제품 1포에 대한 제작 단가는 이것저것 포함해서 30원으로 가정한다. 홍삼 제품 1박스에는 10포가 들어 있으며, 홍삼 제품 1박스의 판매 단가는 3만 원으로 가정해 보자.
마케팅 전략으로는 온라인 판매에만 집중하고 있으며, A 회사의 광고 전략 중 매월 광고 비용에 대한 예산은 2억 원으로 가정한다.

위와 같은 상황에서 마케터들은 월간 집행된 광고 비용 대비 매출액을 계산하여야 하고, 그에 대한 ROAS도 계산해서 판매 실적에 대한 부분을 경영진에게 보고해야 한다.

이러한 내용이야말로 마케터로서 가장 기본적인 업무이다. 참고로 위 예시 계산식은 기본 중의 기본이다. 가령 이탈률을 계산해야 할 때도 있다.

최근 필자가 진행한 업무를 예시로 든다면 자사 홈페이지에 접속한 고객들 중, 결제가 일어나는 메인 상품의 상세 페이지에 대한 이탈률을 계산하는 내용이 있었다. '홈페이지에서 이탈률이 뭐가 중요하지?'라고 생각한다면 매우 큰 오산이다.

이걸 계산해서 보고서를 작성하게 되면 고객들이 우리 상품에 대한 관심도나 판매도를 분석할 수 있게 된다. 자사 홈페이지 내에서 A라는 페이지는 이탈률이 적고, B라는 페이지는 이탈률이 높아서 결제가 일어나지 않는 상황일 때 B라는 페이지를 개선하여 이탈률을 줄일 수도 있다. 이처럼 마케팅에서 현재 우리 브랜드의 현황을 파악하려면 숫자로 모든 데이터를 기록하고 그래프를 그려 가며 현재 우리 브랜드의 현황을 파악할 수 있어야 한다.

다시 홍삼 얘기로 돌아가서 기본 중의 기본을 계산해 보자면, 홍삼 제품 1박스에 대한 제작 단가는 300원이다. 300원짜리 제품 한 개를 3만 원에 판매한다면 홍삼 제품 1개 판매 완료 시 발생되는 이익은 29,700원이다. 그리고 마케터들은 해당 이익에서 매월 지출되는 고정 비용을 제외하고 순수익도 계산해야 한다. 이러한 부분들을 광범위하고 디테일하게 체크해서 경영에 자연스럽게 숟가락을 올려야 하는 것은 마케터의 의무라고 말하고 싶다.

A 회사는 월에 약 2억 원의 광고 비용을 집행한다. A 회사가 매월 손해를 보지 않기 위해서는 3만 원짜리 홍삼 제품을 매월 최소 6,667개 판매해야 한다.

간단한 산수이다. 2억 원에서 3만 원으로 나누면 판매해야 할 제품의 개수가 나온다. 그런데, 약 6,667개의 제품을 판매하면 A 회사는 결국 손해를 보게 된다. 고정적으로 지출되는 비용도 함께 계산해 두어야 하기 때문이다.

회사에서 고정적으로 지출되는 비용이 약 3억이라고 가정해 보자. 광고 비용 2억 원을 포함해서 매월 5억 원의 고정 비용이 지출된다면 A 회사는 3만 원짜리 홍삼 제품을 매월 최소한 몇 개를 팔아야 할까? 스스로 계산해 보시길 바란다.

계산해 보셨는가?
약 16,667개의 제품을 매월 판매하여야 손해가 아니게 된다. 이 과정에서 고려되어야 할 항목들은 매우 많다. 지금 가정한 사례는 매우 기본적이고 단순하게만 가정된 사례이므로 실제적으로 A 회사가 존재한다면 매월 16,667개의 제품을 판매한다고 하더라도 고려되지 않은 내용들 때문에 또 손해가 날 수 있다. 그리고 무엇보다도 기업은 매출 증가를 목표로 하는 수익 업무를 기본으로 한다. 회사마다 목표 매출액이 KPI로 설정되어 있을 것이고 그에 따라 매월 판매해야 하는 제품의 목표 판매 수량도 결정되어 있다. 해당 제품을 목표 수량만큼 판매하기 위한 계획서도 있어야 하고 그에 대한 계획서가 완성되면 회사는 움직이게 된다. 그리고 이러한 계획들을 수립하는 것도 마케터들의 업무 중 하나이다.

가장 기본적인 상황을 가정해서 예시를 들어 보았다. 이 예시에서는 SNS 마케팅이나 유튜브, 또는 인플루언서, 네이버 쇼핑 광고 및 스마트스토어에 대한 이야기는 하고 있지 않다. 그럼에도 불구하고 위에서 언급된 모든 업무들은 마케터들이 수행해야 할 가장 기본적인 업무들 중 하나이다.

이번엔 마케팅 활동의 여러 일환 중 하나인 광고의 맥락에서 설명해 보겠다.

A 회사는 홍삼 제품을 네이버 스마트스토어에서 판매하고 있고, 스마트스토어에서 상품 1개 판매 시 네이버에서 일정 수수료를 책정하여 가져가고 있다. 또한 스마트스토어에 있는 특정 상품을 네이버 쇼핑 광고를 통해서 고객들에게 노출해야 하는 광고 업무도 진행하

고 있다. 해당 광고들을 세팅하면 상위에 노출시키는 것도 매우 어려운 업무들 중 하나이다. 이러한 전제들은 모두 제외하고 상위에 "홍삼스틱"이라는 키워드로 1위로 노출되었다는 전제하에 예시를 들어 보겠다.

2023년 10월 기준으로 "홍삼스틱" 키워드에 대한 월평균 검색 노출량은 PC 기준 3,260건이고, Mobile 기준으로 6,580건이다. "홍삼스틱"으로 검색 시, 검색에 나오는 탭은(PC 기준) 1순위 파워링크, 2순위 쇼핑 검색, 3순위 스마트블록, 4순위 인기 주제, 5순위 브랜드 콘텐츠의 순으로 검색되고 있다.

위에 언급한 특정 키워드의 월간 검색 노출량에서 누군가는 파워링크를 클릭할 것이고, 또 다른 누군가는 쇼핑 검색에서 특정 상품을 클릭할 것이며, 또 다른 누군가는 VIEW 탭에서 홍삼스틱 중 어떤 상품이 신뢰할 만한 상품인지를 체크하기 위해 여러 글들을 클릭할 것이다.

PC와 Mobile을 합쳐서 검색 노출량이 22,530일 때, 1위 기준 평균 클릭률은 파워링크 광고의 PC 기준 0.24%이며 Mobile 기준 0.45%이다.

PC 기준 노출량 2,030건 중에 0.24%면, 월에 4.3건 정도 클릭을 받는다고 해석된다.

Mobile 기준 노출량 20,500건 중에서 0.45%의 클릭률이면 월에 85.7건 정도의 클릭을 받는다고 해석할 수 있다.

이건 단순하게 '클릭된 수치'이다. A 회사는 쇼핑 광고를 진행하고 있고 쇼핑 광고가 약 85건의 클릭을 받고 있다고 장담할 수도 없다. 정확한 클릭 수는 랜딩 페이지에 삽입된 로그 분석기를 활용하여 분석해야 하고 분석이 들어간 자료는 수치화되어 대시보드에 나타나게 된다. 또한 랜딩 페이지에 따라서 클릭 수 대비 전환율과 전환 수도 계산되어야 한다.

여기서 말하는 전환 수는, 내 광고를 클릭해서 랜딩 페이지에 유입된 소비자가 내 상품을 구매하여 구매 전환이 된 건수로 이해하면 된다. 전환율은 일반적으로 구매 전환율로 이해하면 되고 클릭 수 대비 구매 전환 건수를 백분율로 계산하여 이 모든 수치들을 체크하는 것이 마케터의 기본 업무 중 하나이다.

참고로 랜딩 페이지(Landing Page)는 상품이 어필된 특정 웹페이지를 말하며 랜딩 페이지의 어원은 정확히 알지 못하지만, Land라는 영어의 뜻은 '착륙하다'라는 의미를 지니고 있다.

Landing Zone은 비행기 착륙 지점을 의미한다. 결과적으로 랜딩 페이지라 하면 상품의 상세정보가 담긴 웹페이지를 의미하고, 고객이 광고를 클릭해서 유입되었을 때 고객에게 표시되는 웹페이지를 뜻한다.

그렇다면 PC/Mobile 기준을 합쳐서 월에 약 90건의 클릭을 받았다고 가정해 보자.

90건의 클릭 중 구매를 한 고객이 몇 명이나 될까? 광고에서의 관건은 이런 부분을 체크해야 한다는 것이다. 일반적으로 월에 90건의 클릭을 받는다면, 매월 해당 키워드로 최소한 0.09명 이상의 고객이 해당 제품을 구매한다고 생각하면 된다. 일반적 또는 평균적으로 구매 전환율은 클릭 수 대비 0.01%로 계산한다. 업종마다 이 전환율은 모두 다르며 해당 업종의 전문 마케터들만이 정확한 수치를 알고 있다. 정확한 수치를 알지 못할 때에는 대략적으로 가정 수치를 산정하여 0.01%~0.03%로 가정하여 계산한다.

이 얘기를 다시 정리하면 월에 90건 클릭을 받는다면 최소 월에 0.09명에서 2.7명이 해당 상품을 구매한다고 가정 수치 데이터를 뽑아 볼 수 있다.

한 가지 추가적으로 더 재미난 계산을 해 보자. 지금 가정 데이터는 "홍삼스틱"이라는 키워드에 근거하여 가정된 데이터이다. A라는 회사가 바보가 아니라면 해당 키워드만 광고를 하는 경우는 없다. 여러 가지 키워드와 배너 광고가 함께 진행되고 그에 따른 광고 비용이 월에 2억을 가정한 수치였다.

그렇다면 월에 2억의 광고 비용을 집행하는 이 A라는 회사는 구매 전환율을 0.03%로 잡았을 때 최소한 몇 건의 클릭을 고객으로부터 받아야 홍삼 제품 16,667개를 판매할 수 있을까? 이에 대해서 계산을 해 보고자 한다.

계산이 가능하다면 이다음 부분을 확인하기 전에 미리 계산을 해 보시길 추천드린다. (이래서 마케터는 숫자와 친해져야 한다. 혹시 어지럽다면 천천히 짚어 가 보자.)

계산을 해 보면 아래와 같다.

월에 약 2억 원에 대한 광고 비용을 집행했을 때 고객으로부터 약 5,555,670번 정도의 클릭을 받아야 평균적으로 약 16,670개의 홍삼 제품을 고객에게 판매할 수 있다는 계산이 나온다. 이 수치들은 가정 수치이기 때문에 실제와 전혀 상관이 없다. 하지만 실제 마케터가 업무를 진행한다면 이런 방식으로 수치 계산이 이뤄지고 난 후에 노출량에 대한 가정 데이터까지 파악한 뒤 광고 비용을 산정하여 광고를 실제로 집행하게 된다는 점을 말하고 싶다.

마지막으로 고객에게 약 5,555,670여 건의 클릭을 받아야 한다면 그에 대한 광고 노출량도 계산할 수 있다. 앞서 말한 "홍삼스틱"의 키워드의 평균 클릭률은 모바일 기준 0.45%였기 때문에 역으로 계산해 보면 된다. 노출량이 궁금한 분들은 직접 계산해 보길 바란다. 그리고 계산해서 나온 데이터를 실제 데이터라고 생각하면 안 되지만,

실제 마케터들이 이런 방식으로 업무를 하고 있다는 것을 충분히 인지하길 바란다.

마케팅과 광고에서의 이러한 수치들은 매우 신기하게도 대부분 일정한 수치대로 움직인다. 랜딩 페이지에서 고객의 구매 욕구를 폭발적으로 증가시키는 이벤트를 진행하지 않는 한, 위 수치는 업종별로 수치가 상이하고 해당 업종의 전문 마케터가 아니면 알 수 없는 영역이다. 상품에 대한 구매율을 올리기 위해서는 기획 이벤트가 함께 진행된다는 전제하에 구매율을 올릴 수 있고 이 또한 마케터의 업무 영역임을 기억하기 바란다.

필자가 현재 맡고 있는 브랜드들은 홍삼 제품과 아무 관련이 없음을 알리며, 마케팅에 왜 숫자가 필수적인지에 대해서 충분한 설명이 되었으면 좋겠다.

3장

고액 연봉 마케터로 성장하려면

1. 이 책에 나오는 마케팅 용어

[대시보드]

마케팅 업무 진행 중에 수치화된 데이터를 간편하게 확인할 수 있는 인터페이스들을 총칭하여 대시보드라고 말한다. 광고 시스템 내의 계정에서 광고 데이터를 확인할 수 있는 대시보드도 있고, 구글 애널리틱스나 에이스카운터와 같은 자사의 웹 랜딩 페이지에 방문한 고객들의 이력들이나 이탈률과 같은 데이터들을 분석해 놓은 대시보드들도 있다.

[ROAS]

투여된 광고 비용 대비 매출액을 백분율로 표시한 수치이다. 예를 들어 ROAS 500%라고 한다면, ROAS 500%의 의미는 5배라는 뜻이다. 500%에서. '0' 2개를 '배'로 바꾸어 같은 의미라고 생각하면 이해가 빠르다.

100만 원 광고비를 투여하여 500만 원을 벌어들였다면, ROAS 500%라고 표현한다.

[객단가]

특정 상품이나 상품군 또는 기업의 여러 상품들 중 특정 상품들에 대한 평균 단가를 산정하여 나타내는 수치이다. 가령 월 매출이 10억인 회사인데, 월에 판매되는 상품의 건수가 2만 건이라면 상품의 객단가는 5만 원이 된다.

[SA]

Search Ad의 약어이다. 네이버 기준, 파워링크라고 생각하면 이해가 빠르다.

[DA]

Display Ad의 약어이다. 네이버 기준 모바일 환경의 메인 배너나 PC 환경의 메인 배너를 생각하면 이해가 빠르다.

[AARRR 모델]

Acquisition(획득) → Activation(활성화) → Retention(유지) → Referral(추천) → Revenue(수익)

고객의 여정을 다섯 단계로 나누어 정의한 모델 이론이다. 깔때기 모형을 닮았으며 마케팅뿐만 아니라, 광고계에서도 이러한 깔때기 모형은 자주 등장한다.

이 모델은 마케팅에서 매우 중요한 모형이지만, 이 책에서는 자세하게 다루지 않는다.

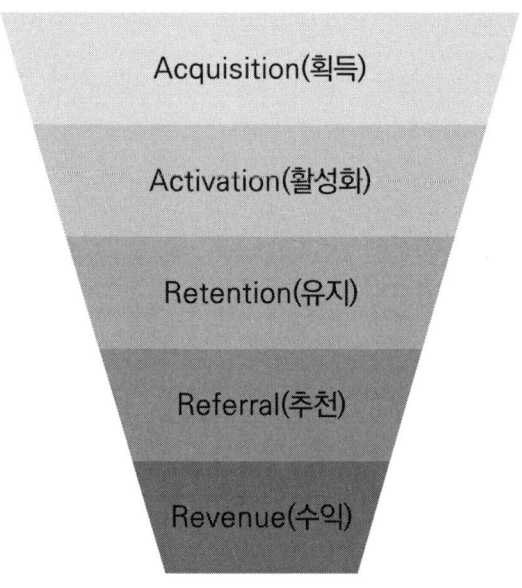

[고객 퍼널]

　고객이 제품에 관심을 갖고 구매에 이르기까지의 과정을 말한다. 깔때기 모형을 기준으로 하여, 고객이 제품에 대한 인식부터 구매까지의 각 여정에 포함되는 각 모형들을 퍼널이라 규정한다. 모형들은 인식(Awareness) → 고려(Consideration) → 구매(Purchase) 등 여러 가지 모형들을 통합하여 지칭한다. 고객 퍼널은 깔때기(Funnel) 모형을 통해 설명되는 것이 일반적이다. 마케팅 관련 분야에서는 무엇이든 깔때기 모형으로 설명될 수 있다. 밑에서 설명하고자 하는, 광고 분야의 노출량과 클릭 수, 구매 전환 등에 대한 내용들도 깔때기 모형으로 설명될 수 있으니 이 부분에 대해서는 개인적으로 조금 더 깊이 공부해 보자.

[노출량]

광고 분야에서 고객에게 광고가 노출되는 횟수를 말한다. 노출의 기준은 광고 매체별로 조금씩 상이할 수 있다. 반드시 광고 분야에서만 사용되는 것은 아니며, 웹사이트가 특정 검색어에 노출될 때도 사용될 수 있다. 단순하게 고객에게 노출되고 있다면 그 상황을 이해하여 노출량을 체크하면 된다.

[클릭 수]

광고 분야에서 고객에게 노출된 광고를 고객이 클릭한 건수를 말한다. 여기서 말하는 클릭 수 역시, 반드시 광고 분야에서 한정하여 이해할 필요는 없다. 고객에게 노출되고 있는 상황에서 클릭이 일어난다면 클릭 수로 이해할 수 있다.

[구매 전환: 전환 수]

클릭하여 나의 콘텐츠를 살펴보고 구매를 결정한 고객의 구매가 발생한 건을 말한다. 랜딩 페이지나 상품 구매 페이지에서 결제나 DB 획득과 같은 Action이 발생하였을 때 전환 건이라고 말한다.

[KPI: Key Performance Indicator]

주요성과지표 또는 핵심성과지표라고 말한다. 기업이 비즈니스 목표를 설정하고 목표 달성을 도달하기 위한 과정을 위한 지표로 생각하면 된다.

[구글 애널리틱스]

구글에서 제공하는 분석기 툴이다. 이론상 무한한 가능성을 가지고 있는 분석기이며, 무료로도 꽤 많은 기능을 활용할 수 있는 매우 가성비가 좋은 분석기 툴이다. 단점이 있다면 구글 애널리틱스는 설정해야 할 것들이 많고 복잡한 면이 있기 때문에 접근성이 많이 떨어진다. 제대로 세팅할 줄 안다면 구글 애널리틱스만큼 좋은 분석기도 없지만, 그렇지 못하다면 활용하기는 매우 힘들어진다.

구글 애널리틱스 UA는 이제 단종된 모델이다. 인지하고 있길 바란다. 구글 애널리틱스 4.0은 현재 많이 사용하고 있는 버전이다. 구글 애널리틱스 360은 유료 버전이다.

이렇게 버전들이 다양하게 있고, 꼭 유료 버전을 사용하지 않아도 되지만, GTM 태그 매니저는 공부하길 바란다. 당신의 고연봉 상승에 도움이 된다. 다만, GTM 공부를 하려면 알고리즘과 프로그래밍 언어의 기초 정도는 알고 있어야 큰 도움이 된다. 전혀 모른다면 학원에서 돈을 들여 배우길 추천한다.

필자가 광고대행사에서 근무할 때 쇼핑몰을 하나 제작하여 개설한 적이 있었다. 이때 분석기 툴을 구글 애널리틱스로 선택하였는데, GTM을 사용해서 세팅해야 하는 부분이 필수적으로 필요했다. 그리고 크몽에서 구글 애널리틱스 세팅 전문가나 일반 회사에 의뢰하여 견적을 받아 보았는데, 견적이 너무 천차만별이었다.

필자가 원하는 세팅에 대해 A 회사는 1,000만 원에 달하는 견적을 내놓았다. B 회사는 2,500만 원을 불렀으며 상황 여하에 따라 3,000만 원 이상이 투여될 수도 있다고 했다. C 회사도 1,500만 원의 견적을 보내왔다. 그리고 크몽에서 프리랜서를 서칭했을 때에도 500만 원에서 800만 원 사이로 견적이 천차만별이었다.

서칭에 서칭을 거듭한 끝에 100만 원에 세팅 완료를 해 주겠다는 전문가가 나타났다. 바로 결제했고 진행해서 해당 업무를 완료한 경험이 있다.

여기서 주목해야 할 것은, 같은 작업인데 왜 이렇게 가격이 천차만별의 견적을 보내왔는지다. 답은 금방 찾았다. 그냥 이 분야의 전문가의 숫자가 많지 않았던 것이었다. 그래서 구글 애널리틱스의 GTM 세팅 시장은 부르는 게 값인 시장이었던 것이다.

이제 필자가 왜 여러분에게 GTM 세팅까지 공부하라고 하는지에 대해 이해하길 바란다. 이 분야의 마케터는 다른 분야의 마케터보다 더 빠르고 높이 연봉을 향해 나아갈 수 있을 것이라 장담한다. 필자의 개인 경험이 많이 녹아 있는 만큼 신뢰해 보면 어떨까?

이 부분에서 필자가 말이 많아지기 시작했다. 말이 많아졌다는 의미는 그만큼 이 분야가 중요하기 때문이다. 초보 마케터라면, 마케팅의 기본을 공부하며 분석 전문가로 거듭나는 것이 고연봉을 빠르게 찍는 방법이 될 수도 있음에 주목하길 바란다.

[SEO 최적화]

SEO는 Search Engine Optimization의 약자이며 검색엔진 최적화라고 불린다. 인터넷이 발달하기 시작한 초기에는 웹에 홈페이지를 제작한다고 하더라도 내 홈페이지를 제대로 노출할 수 있는 방안이 거의 없었다. 단순하게 〈title〉 태그와 〈meta〉 태그만 잘 사용해도 홈페이지가 웹에 노출되는 구조였지만, 그 당시에는 검색엔진 로봇들도 한창 색인이나 사이트맵을 수집하여 웹의 문서들을 수집하기 시작하는 단계였기 때문에 체계화되지 못한 시절이었다. 그 암흑기 같은 시절에 혜성처럼 나타나 사람들을 사로잡은 개념이 SEO이다. 검색 광고 시스템이 자리 잡기 시작하며 함께 천천히 알려지기 시작했다.

SEO 최적화와 관련된 얘기만으로도 책 1권이 나올 정도로 방대하고 매우 중요한 분야이기 때문에 마케터라면 반드시 SEO에 대해 빼곡한 지식을 가질 것을 제안한다. 필자는 어릴 때 웹 개발을 해 왔기 때문에 SEO 최적화가 알려지기 전부터 알고 있었다. 계속 세상이 발전하면서 SEO 최적화도 세상에 맞게 발전해 왔고, 구글이나 네이버와 같은 포털 사이트의 검색 로봇들이 웹문서를 색인하는 과정도 지속적으로 발전해 왔으니 그만큼 방대하다고 하겠다. SEO는 매우 중요하니 꾸준히 공부하자.

필자 기억 속에 약 4년 전까지만 해도 국내 포털 사이트의 검색엔진 점유율은 네이버가 70%를 아득히 넘었다. 구글의 점유율은 20% 정도였다. 하지만 지금 시점에서는 2023년 5월 기준으로, 네이버의 점유율이 50%를 겨우 넘는 50.2% 다. 구글은 41.84%로 점유율이 증가하였고, 다음·카카오가 4.33%, 그 밑으로 Bing, Zum 등이 차지한다.

구글의 점유율이 증가한 데에는 여러 가지 이유가 있겠지만, 가장 높은 이유는 신뢰도이다. 웹문서의 정확도나 광고 없는 신뢰할 수 있는 문서로 사람들이 인식하고 있기 때문이다.

구글의 검색엔진에서 상위 노출이 되는 문서들의 공통점은 SEO 최적화가 이루어져 있다는 것이다. 유튜브에 SEO라고 검색하면 SEO 최적화와 관련된 지식들이 넘쳐 나고, 세팅하는 방법에 대한 문서들이 엄청나게 많다.

이러한 시장 분위기가 반영되는 것은 검색엔진뿐만 아니라 취업 시장에서도 반영된다. SEO 최적화를 공부하고 구글에 특정 키워드에 노출되는 나만의 문서를 상위 노출해 보자. 그리고 그 결과를 이력서나 자소서에 기입해 보자. SEO를 이해하는 똑똑한 임원들이 있는 회사들은 당신에게 러브콜을 부를 것이다.

필자는 2022년도 '1인 창업' 키워드를 SEO 최적화 작업으로 1면에 노출함으로써, 해당 랜딩 페이지로 꽤 좋은 성과를 낸 이력이 있었다. 그리고 필자는 지금도 어딜 가나 SEO 전문가라고 말하고 다닌다. 어릴 때 웹 개발을 했던 이력이나 실력 또한 SEO 지식을 습득하는 네 큰 도움이 되었다. 연봉 또한 이에 영향을 받아, 연봉 상승하는데 도움이 많이 되었다.

SEO 최적화 부분에서 필자가 말이 많아졌다는 건, 그만큼 중요하다는 얘기다. 반드시 눈여겨보고 공부하길 바란다.

[알고리즘]
알고리즘에 대해 많이 들어 봤을 것이다. 필자가 웹 개발 언어를 고등학교 1학년일 때부터 시작했는데, 프로그래밍 언어의 기초인 C언어와 함께 배웠다. 알고리즘은 과목이 별도로 있고 책 1권이 따로 있을 정도로 중요한 과목이었고, 내용도 방대했다. 그만큼 개발자에게 있어서 알고리즘이란 매우 중요한 개념이고, 디지털의 세계가 된 지금은 모든 사람들이 알고리즘에 대해 이해해야 한다고 생각하고 있다.

그렇다면 도대체 이 알고리즘이란 게 정확하게 뭘까? 여러분은 알고리즘 하면 어떤 단어들이 생각나는가? 잠시 생각해 보자.

유튜브 알고리즘, 블로그 상위 노출 로직, 검색 알고리즘과 같은 단어들을 들어 본 적이 있는가? 필자가 교육했던 마케터들에게 알고리즘에 대해 물으면 SNS 인스타그램이나 페이스북, 유튜브와 같은 곳에서 알고리즘에 대한 단어를 가장 많이 들었다고 답했다.

 필자는 알고리즘에 대해 가장 설명이 쉬운 앱은 내비게이션 앱이라고 말하고 싶다. 내비게이션 앱을 사용하고, 운전을 한다고 가정해 보자.

 A라는 목적지에서 B라는 목적지까지 이동할 때 내비게이션 앱을 사용했다.
 제1 경로는 소요 시간 30분의 추천경로를 제안해 주었다.
 제2 경로는 소요 시간 39분의 막히지 않는 일반도로를 제안해 주었다.
 제3 경로는 소요 시간 42분의 가장 짧은 거리지만 길이 많이 막히는 길을 제안해 주었다.

 일반적으로는 제1 경로를 선택할 것이다. 또는 취향에 따라 제2 경로를 선택하는 사람이 있을 수도 있다. 내비게이션 오류로 제3 경로의 길이 막히지 않는데, 막힌다고 표시될 수도 있다. 그러한 부분을 잘 알고 있는 지역 주민이라면 제3 경로를 선택할 수도 있다.

 여기서 변하지 않는 사실은, 여러분이 제1 경로를 선택하든, 제2 경로를 선택하든, 제3 경로를 선택하든, 여러분은 결국 목적지에 다다를 수 있다는 사실이다. 달라지는 점은 선택에 따라서 도로에서 지내는 시간이 달라질 수 있다는 것일 뿐, 결과적으로 목표에 달성하는 것은 동일하다. 방법과 소요 시간이 달라질 뿐이다.

이것이 알고리즘이다.
이해하였는가?

A라는 결과물을 만들어야 한다.
A라는 결과물을 만들기 위해 필요한 방법은 여러 가지가 있을 수 있다. 또는 실제로 A라는 결과물을 만들기 위한 방법이 존재하지만, 아무도 모르는 또 다른 방법이 있을 수도 있다. 결과적으로 어떤 과정과 방법을 선택하느냐의 차이일 뿐, 결과에는 도달할 수 있다. 이것이 알고리즘이다.

간혹 알고리즘은 순서도라고 말하는 사람들이 있는데 그건 그 사람이 잘못 알고 있는 것이다. 순서도(Flowchart)는 특정 알고리즘을 가장 잘 표현할 수 있는 도구일 뿐이다.

그렇다면, 이 알고리즘들을 검색엔진 로봇에 적용해 본다고 생각해 보자. 유튜브 알고리즘에 대해서도 생각해 보자. 인스타나 페이스북과 같은 부분에 대해서도 적용해 보자. 각 매체들에 대한 알고리즘이 어떻게 작동하고 있는지에 대해 스스로 생각해 보자.

생각해 보았는가?

필자는 검색엔진 로봇에 대한 알고리즘만 간략하게 예시를 들어 보겠다. 네이버 검색창에 "창업 종류"라고 검색해 보자. 스마트블록에 잡힌 AI 검색 결과들이 즐비하게 늘어선다. 예전과 같았으면 파워링크가 1순위에 뜨고 View 탭이 2순위로 노출되었을 텐데, 지금은 스마트블록들이 다양하게 잡히고, 해당 니즈에 맞는 검색 결과들이 상위에 노출된다.

네이버의 검색엔진은 현재 사용자의 니즈에 맞춰진 고객 경험을 기반으로 한 검색 결과들이 노출되고 있다. 네이버 검색 로봇은 사용자가 자신의 원하는 정보를 가장 정확하게 찾을 수 있도록 유도하는 목적을 가지고 있다. 그리고 쉴 새 없이 업그레이드되고 있다.

목적은 사용자가 원하는 가장 적합한 정보를 찾을 수 있도록 웹문서를 상위 노출해 주는 것이다. 네이버가 가지고 있는 C-Rank 로직도 특정 분야에 대해 전문가들이 많이 포스팅을 해 주길 바라는 네이버의 정책이 반영된 알고리즘이 포함되어 있다.

여기까지 설명했는데도 알고리즘이 이해되지 않는다면, 라면 끓이는 방식에 대해서도 알고리즘을 적용해 볼 수 있다. 누군가는 물을 끓이면서 동시에 면을 먼저 넣는 사람들도 있을 것이고, 스프를 한꺼번에 넣는 사람들도 있을 것이며, 계란을 넣거나 넣지 않는 취향의 사람들도 있을 것이다.

어떤 방법으로 라면을 끓이든, 라면은 완성될 것이고, 맛의 차이는 존재하지만 라면은 맛있을 것이다. 그리고 어떤 방법으로 라면을 끓였는지에 대한 알고리즘적인 차이만 존재할 뿐이다.

마케터는 알고리즘에 대해서도 디테일하게 잘 알고 있어야 한다. 알고리즘의 개념을 정확하게 이해하길 바란다. 이 부분 역시 필자가 말이 많았다. 매우 중요하다는 의미이다.

여러분들이 이 책을 읽으면서 이해하지 못할 수도 있을 것 같은 용어들을 미리 간략하게 정리하였다. 설명이 너무 짧거나 아예 언급이 되지 않았거나, 설명에 성의가 없다고 느껴지는 용어들에 대해서는 추가적으로 따로 더 알아보길 희망한다.

이 책은 마케터로서 이 책을 읽는 당신이 성장하거나 취업하기를 바라는 마음에서 쓰기 시작한 책이니만큼 직접 필요하거나 궁금한 마케팅 용어들을 디테일하게 알아보고 공부하는 것이 내가 미주알고주알 설명하는 것보다 더 도움이 될 것이라 판단한다. 그렇기에 여기에 있는 용어도 한 번 더 검색하여 별도로 공부를 해 보고, 추가적으로 마케팅 관련 용어들을 직접 더 정보를 찾아보는 것을 추천한다.

필자는 개인적으로 하나하나 옆에서 다 가르쳐 주는 것은 별로 도움이 되질 않는다고 생각한다. 갑갑한 사람이 우물을 판다고 했던가? 스스로 필요에 의한 니즈를 따라 공부하길 바란다. 다만, 내 책에서 주요 용어에 대한 키워드를 얻고, 공부를 따로 하는 것이 큰 도움이 될 수 있다. 필자는 여러분들이 진심으로 마케터로서 성장하는 데 도움이 되길 바란다.

2.
내 연봉은 어떻게 고액 연봉으로 가나?

고액 연봉을 받는 마케터가 되기 위한 조건들에는 어떤 것들이 있는지 한번 생각해 보자.

마케터의 종류는 많고, 모든 분야를 섭렵하기는 어렵다. (필자도 올라운더 플레이어의 성향을 좋아하기에 모든 분야를 섭렵하려 애를 쓰지만, 어려운 일이다.) 각 마케팅의 분야별로 어떠한 액션을 보여야 실력이 있는 마케터라고 불리는지 살펴보자.

우선 실력이 있어야 한다. 너무나 당연한 소리를 정성스럽게 하는 재주가 있다고 생각할 것이다. 마케터의 종류에서 간략하게 설명했듯이 퍼포먼스 마케터, 콘텐츠 마케터, 브랜드 마케터, 그로스 해킹 또는 그로스 마케터와 같은 분류들이 있고 이러한 마케터들은 모두 마케팅 업무의 분류가 세분화되면서 나눠지게 되었다.

각 분야마다 전문성을 띨 수 있기 때문에 자신의 주력 분야를 설정하여 공부하고 노력하며 실력을 쌓아서 자신만의 길을 찾아야 한다. 각 마케터들마다 특징이 있지만, 콘텐츠 마케터나 브랜드 마케터는 이름만 봐도 어떤 일을 하는 것인지 알 수 있다. 간단히 설명하자면 브랜딩을 위한 업무들을 주력으로 가져가는 것이 브랜드 마케터이며 마케팅 전략을 입안하는 것도 업무에 함께 포함된다.

콘텐츠 마케터는 콘텐츠 기획 및 콘텐츠 작성 등의 업무들을 주력으로 한다. 그 외에도 공통적인 업무들을 다 같이 보는 경우도 많은데, 그건 회사마다 다르기 때문에 간략하게 정리하겠다.

마케터 종류의 이름만 보고 알 수 없는 것은 그로스 마케터와 퍼포먼스 마케터일 것이다. 퍼포먼스 마케터는 말 그대로 퍼포먼스를 내는 마케터를 말하는데 각 광고매체별 광고 세팅에 능해야 하고, 자사 광고를 세팅한 내용으로 회사의 매출을 발생시키는 업무를 한다. 광고에 대한 이해도가 뛰어나야 하며, ROAS 1,000%만 (말이 쉽지) 나와도 좋은 마케터로 인정받을 수 있다.

그로스 마케터는 AARRR과 같은 모델을 기본 베이스로 반영하여 고객 퍼널을 분석하고 매출에 기여한다. 이 과정에서 비즈니스 전반에 개입하며 특정 상품에 대한 모든 권한 및 경영에까지도 개입하게 될 수도 있다.

그 외에도 CRM 마케터 및 인플루언서 마케터 등 다양한 분야가 발생하고 있다. CRM 마케터는 신규 고객 발생에 큰 비용이 발생하기 때문에, 기존 고객의 이탈을 최소화하고 기존 고객의 충성도 및 재구매율을 높이는 업무를 담당한다. 신규 고객을 잡을 것인지 또는 기존 고객들에게 지속적으로 판매를 할 것인지에 대해서는 업의 특성에 따라 달라질 수 있다.

한 가지 예시로 든다면 푸시 메시지를 이메일이나 문자 등과 같은 매체를 활용하여 전달하며 재구매를 유도하는 방식의 업무들을 수행한다.

다양한 종류의 마케터들이 있고, 사실 은근히 업무가 많이 겹치는 경우도 꽤 있어서 CRM 마케터라고 해서 반드시 기존 고객 관리만 하는 것이 아니라 다른 콘텐츠 업무나 브랜딩 업무, 광고 세팅이 필요한 퍼포먼스 마케팅 업무도 진행할 수 있다는 것을 인지해야 한다.

브랜드 마케터의 입장에서 보자. 하는 일은 마케팅 전략 입안과 자사 브랜딩 강화이다. 브랜딩 강화 목적은 브랜드 이미지 개선을 동반하며 결국엔 시장 점유율의 증대와 매출 증대이다. 당장 매출로 연결되는가, 아닌가의 차이일 뿐이다. 회사 성격이나 브랜드의 성향에 따라 다른 목적이 있을 수 있지만 기업의 궁극적인 목적은 어차피 시장 점유율의 증대거나 매출 증대, 이 둘 중 하나이다.

그로스 마케터의 입장에서 보자. 어떤 사람들은 그로스 마케터를 잡부라고 표현하기도 하는데, 그만큼 관할해야 하는 분야가 많다.

고객 퍼널의 분석에서부터 그로스 마케팅이 시작되기 때문에 상품이 좋지 않아서 구매 전환이 일어나지 않는지, 웹 랜딩 페이지의 구성이 좋지 않아서 구매 전환이 일어나지 않는지, 또는 리텐션 구간이 좋지 않은지 등 고객 퍼널에서 발생할 수 있는 다양한 원인을 분석하고 찾아내어 해당 부분을 보완하고 매출을 발생시키는 업무를 하는 것이다. 그로스 마케터 역시 결국 하는 일은 매출 증가이다.

콘텐츠 마케터는 매출과 관련이 없다고 생각한다면 큰 오산이다. 브랜드에서는 콘텐츠 마케터의 역할이 매우 중요하다. 콘텐츠 하나하나 고객들이 공감할 수 있는 콘텐츠들을 발행해야 하고, 해당 서비스에 대한 고객의 공감이 발생되었을 때 브랜드의 신뢰도가 매출로 직결된다.

가령 DB 업종을 예시로 든다면, 업종이 법인 보험회사라면 DB 1건에 대해 발생할 수 있는 매출액은 작게는 100만 원에서 3억 또는 그 이상까지도 가능하다.

업종이 창업이라고 해 보자. DB 1건에 대해 발생할 수 있는 매출액은 최소 몇천만 원이다.
업종이 성형외과라고 해 보자. DB 1건에 대해 발생할 수 있는 매출액은 최소 몇십만 원부터 몇백만 원까지 가능하다.
업종이 땅이나 건물을 매매하는 부동산이라고 해 보자. DB 1건당 매출액이 몇억이 될지 몇백억이 될지 알 수 없다.

콘텐츠 마케터도 결국은 회사 매출과 직결되는 일을 할 수 있다. 본인이 초보 마케터인데 회사에 매출을 발생시키지 못하는 일을 하고 있다면 자신이 하는 일이 과연 마케터가 맞는지 다시 한번 뒤돌아보며 신중하게 고민해 보자.

결론적으로 마케터의 종류는 많고, 종류가 다르다 해도 매출 증대라는 공통적인 목표를 가지고 있다.

퍼포먼스 마케터는 광고에 대한 이해도가 뛰어나야 하며, 세팅한 광고를 효율적으로 개선하여 높은 ROAS를 발생시켜 매출을 일으키는 것이 주 업무 내용이다. 결국 사람들에게 홍보되는 광고물을 적은 금액으로 얼마나 높은 ROAS 수치를 가져와 가성비 최대의 효율을 내는가가 관건이 되는 것이다.

어떤 콘텐츠 마케터가 자신이 작성한 포스팅 1개로 차량 10대를 판매한 이력이 있다고 했다. 이 마케터는 분명히 콘텐츠 마케터이며 자신이 콘텐츠 마케터라는 사실을 믿어 의심치 않는다. 하지만, 이런 경우 필자는 이 사람을 퍼포먼스 마케터로도 규정한다.

콘텐츠 마케터가 콘텐츠를 발행하는 이유는 브랜드의 특성에 따라 다양할 것이다. 위 사례처럼 포스팅 1건으로 차량 10대를 판매했다면 그 포스팅이 고객의 공감을 크게 일으켰다는 의미가 된다. 콘텐츠 마케터로서 아주 훌륭하게 업무를 수행했다고 본다.

하지만, 간과하지 말아야 할 것이 있다. 콘텐츠 마케터가 콘텐츠를 발행한다고 해서 그 콘텐츠가 무조건 상위에 노출되어 많은 사람들에게 보이는 것이 아니다.

해당 콘텐츠가 많은 사람들에게 노출이 될 수 있도록 많은 노력과 에너지가 필요하고, 그 콘텐츠가 어느 정도 사람에게 노출이 된다는 가정하에서 고객과 소통할 수 있고 공감할 수 있는 내용의 콘텐츠가 작성되어야 비로소 매출로 전환이 일어난다.

앞에서 언급한 바와 같이, 퍼포먼스 마케터는 결국 사람들에게 홍보되는 광고물을 적은 금액으로 노출하고 최대의 효율로 매출을 발생시켜 높은 ROAS를 만드는 것이 주 업무라고 했다.

그럼 위에서 말한 콘텐츠 마케터는 자신이 콘텐츠를 제작했지만 매출이 발생되었으며 이 매출로 전환되는 과정을 성과로 보고, 퍼포먼스 마케터라고도 부를 수 있다고 규정한다. 해당 콘텐츠를 작성하는 데는 매우 적은 비용이 들었을 것이고, 매출이 발생되었다면 ROAS 측정이 가능해진다.

블로그에 한 달 동안 꾸준히 글을 써 왔다고 가정해 보자. 회사 입장에서 투여되는 광고비가 얼마인가? 해당 직원의 월급도 투여되는 광고비인 것이다. 그렇다면 해당 블로그의 글이 상위에 노출되어 고객에게 노출이 되었고, 그 글로 인하여 매출이 3,000만 원이 발생했다고 가정해 보자.

회사 입장에서 콘텐츠 마케터의 월 급여가 약 300만 원이라고 가정했을 때 ROAS는 1,000%이다. 광고와 달리 포스팅 글은 잘 내려가지 않고 꾸준히 노출되기 때문에 시간이 지남에 따라 해당 포스팅으로 추가 매출이 연속적으로 일어날 수도 있는 것이 강점이다.

회사에 그로스 마케터를 보유하고 있다면, 그들은 기존 고객의 재구매를 발생시킬 수 없었던 것을 고객 퍼널을 분석하여 추가 매출을 일으키는 것이 업무이다. 퍼포먼스 마케터와는 업무 성격이 조금 다르지만 매출을 일으키는 것엔 변함이 없다.

오로지 광고 세팅으로 인해 매출을 증가시키는 것을 퍼포먼스 마케터라고 단정 짓지 말자는 것이 필자의 주장이다.

필자의 주장대로라면 마케터의 종류가 슬슬 모호해지기 시작한다. 마케터의 길을 어느 방향으로 가져가야 좋다는 기준은 없다. 어차피 우리 마케터들은 회사나 특정 기업의 경영에 자연스럽게 숟가락을 올리게 되어 있고, 그 과정에서 브랜드의 성향에 따라 맞춰진 전략으로 매출을 발생시켜 수익을 낼 뿐이다.

그런데 이러한 부분들이 가능해지려면 결국 실력이 있어야 한다. 꾸준히 공부해야 하고 마케터로서 자기 계발을 하며 자신에게 필요한 것이 어떤 부분인지를 정확하게 설계하여 회사의 매출을 늘릴 수 있는 전략을 자신에게서 먼저 찾아야 한다고 생각한다. 회사 매출을 증가시킬 수 있는 전략을 입안한다고 해도 본인이 마케팅 실무 능력으로 매출을 만들어 낼 수 없게 된다면 마케터는 순식간에 사기꾼이 된다.

참고로 "마케터와 사기꾼은 종이 한 장 차이다"라는 말이 있다. 매출을 만들어 내면 마케터, 못 만들어 내면 사기꾼과 다를 바 없다.

마케터의 종류에 대해 설명했으니, 이제 선택은 당신의 몫이다. 마케터로서의 내 연봉이 어떻게 고액으로 갈지에 대해서는 결국 마케터로서 회사에 어떤 성과를 남겨 주었는가에 따라서 달라진다. 그 성과를 잘 어필할 수 있고, 객관적 수치상으로 누구나 인정할 수 있을 만한 마케터로 자리 잡길 바란다.

두 번째로 실력에 따른 성과는 기본이고, 회사의 상품을 잘 포장해서 매출을 잘 일으키는 것만큼 나 자신도 잘 포장해야 한다. 위에서 얘기한 부분과 살짝 겹칠 수도 있는 이야기이지만, 결과적으로 고액 연봉 마케터로 성장하기 위해서는 성과를 꾸준히 내 주어야 한다. 그 성과는 너무나 당연스럽게도 기업의 매출 증대이며, 매출 증대는 ROAS와 순이익을 얼마나 발생시켰는지를 이력서에 커리어로 작성함으로써 본인의 연봉이 결정될 수 있다. 그리고 그것을 숫자로 잘 포장해야 한다. 포장지는 포트폴리오라는 이름을 가진 녀석으로 만든다. PPT로 정성스럽게 만들면 될 일이다.

위에서 언급한 콘텐츠 마케터의 예시를 기억하는가? 콘텐츠 마케터인 A 씨는, 약 20일 동안 꾸준히 블로그를 키웠다. 블로그가 완벽한 최적화 단계까지는 아니어도 세부 키워드를 잡고 작성한 포스팅들에 대해서는 상위 노출이 진행되기 시작했다. 20일째 되는 날, 과감하게 매출을 발생시키고자 특정 키워드 상위 노출 및 고객의 공감을 이끌어 내는 글을 전략적으로 작성했고, 그 전략이 정확하게 적중하여 DB 1건을 받았다고 가정하자. 그리고 그 DB로 회사 매출액이 1억이 나왔다고 가정해 보자.

회사는 콘텐츠 마케터 A 씨의 월급 300만 원(가정 수치)으로 1억의 매출이 발생되었다. ROAS는 3,333%다. 다음 달에도 회사는 A 씨의 월급 300만 원이 지출되었고 저번 달에 작성해 두었던 그 포스팅은 발생 DB 10건 중 2건이 매출로 연결되어 각각 5천만 원의 매출과 2억의 매출이 발생했다고 가정해 보자.

회사는 A 씨의 두 달 치 월급 600만 원으로 3억 5천의 매출을 발생시켰고 ROAS는 5,833%이다. 두 달 치가 아니라 최근 한 달만 계산해도 월급 300만 원에 매출 2억 5천만 원을 발생시켰다. 최근 한 달에 대한 ROAS는 8,333%이다.

당신은 위 예시가 너무 부풀려졌다고 생각하는가?
말도 안 되는 일이거나 실현 불가능한 상황이라고 생각하는가? 그렇게 생각한다면 할 수 없다. 하지만 실제로 벌어지고 있는 일이다.

(읽다 보니, 이거 필자 자기 얘기 아니야? 하고 생각했다면… 정답이다.)

세 번째로, 성과 수치에 따라서 회사에 돈을 벌어다 준 디테일한 사항들이 있어야 한다. 위에서 언급한 마케터 A 씨의 사례는 사실 필자가 어릴 때의 실제 사례를 수치만 바꾸어 언급한 것이다. 실제로 필자가 법인보험회사에서 퍼포먼스 마케터로 근무할 때 필자가 키운 회사 블로그에서 DB가 발생되어 매출 전환이 일어났고 블로그의 ROAS는 약 3,200%였다.

그때 당시 받고 있었던 필자의 그 당시 '월급+네이버 검색 광고 비용'은 200만 원 정도였으며 한 달간 집행한 검색 광고와 블로그로 발생시킨 광고 비용 대비 매출액에 대한 ROAS는 약 6,000%가 넘었고 검색 광고로만 측정했을 때의 ROAS는 약 14,000%였다.

필자가 거짓말한다고 생각할 수 있다. 요즘엔 거짓말도 근거 자료를 다 제시해 가며 만들어 낼 수 있기에 증빙하거나 증명하려 애쓰지 않는다. 믿지 않는다면 할 수 없다. 나는 여러분들을 설득할 필요가 없고, 해당 주장에 대해 믿고 안 믿고는 여러분의 자유이다. 그러나 필자의 말에는 한 치의 거짓도 없다.

현재 필자가 근무하고 있는 브랜드의 ROAS는 최대 30,000%를 넘어간다. 회사 내의 고정지출액을 제외하고 순수익으로 다시 계산하자면 1,000%대 미만으로 내려가지만, 그게 무슨 상관인가? 여러분들이 필자와 같은 경험을 하게 된다면 다음 이직할 회사에 어필할 여러분의 이력서나 포트폴리오에는 최대 ROAS 30,000%가 찍힐 텐데….

그저 자신을 이쁘게 포장할 포장지에 'ROAS 30,000%였습니다'라고 포장하면 된다.

회사 입장에서 생각해 보자. 신규로 면접을 보는 경력직 마케터가 ROAS 이력이 30,000%이다. 돈 벌어다 주는 마케터라는 것이 검증되었을 때, 회사에서 그 사람을 채용하지 않는 것은 결국 회사의 손해다.

바꿔 말하면 여러분이 성과를 만들고, 회사에 돈을 벌어다 줄 수 있는 마케터라는 것을 어필하고 증명하고, 실제로 그렇게 만들어 낼 수 있다면 회사는 그 마케터에게 투자할 것이다.

여러분은 필자가 어려운 얘기를 쉽게 한다고 생각할 수도 있다. 하지만 실력을 쌓아 가다 보면 충분히 가능한 일이고, 당신도 분명히 이렇게 성장할 수 있다.

성과를 만들어 자신을 포장하는 것이 가장 빠르게 고액 연봉 마케터로 성장할 수 있는 유일한 길이다. 사랑하는 사람의 선물을 포장하듯이, 포장을 아주 예쁘게 해 보자.

네 번째로, 마케터로 성장하기 위해 단기 플랜부터 중장기 플랜을 세워야 한다. 앞서 마케터의 종류를 이야기할 때 간과한 한 가지가 있다. 바로 업종이다. 마케터는 업종에 따라서 연봉이 낮아지기도 한다. 또는, 마케터의 커리어가 특정 업종에 대한 경력이 없다면 취업이 진행되지 않을 수도 있다.

가령 예를 들어 보자면, 필자는 DB 퍼포먼스 마케팅에서 폭발적인 성과를 낸 이력들이 꽤 있다. DB 업종에는 부동산, 보험, 창업, 자동차, 성형외과 등 다양한 분야들이 있다. 다양한 DB 업종 분야에서 여러 가지 성과를 낸 이력들이 있지만, 특정 상품을 판매하는 업종 분야에서는 폭발적인 성과를 낸 이력이 없다. 그냥 소소한 ROAS 수치들만 있을 뿐이다.

의류업체나 뷰티 업종 회사에서 필자의 이력서를 본다면, 이렇게 생각할 것이다.

"그냥 수많은 마케터들 중 한 명이네…."

하지만 DB 업종에서 필자의 이력서를 본다면 반응은 180도 달라진다. 필자가 근무했던 A 회사는 DB 업종이었고, 내가 입사할 때 회사 내에서 진짜 초전문가를 모시게 되었다고 소문이 난 적이 있었다. 그 소문은 경영진이 낸 것이었고, 그런 소리를 들어 매우 기분은 좋았지만, 사실 필자가 그 정도로까지 전문가는 아니라고 생각했었다.

그리고 부담감만 커졌다.

 이렇듯 마케터는 업종을 많이 타는 편이다. 그래서 한 살이라도 더 어릴 때 최대한 많은 업종을 경험해 보는 것이 마케터 입장에서는 매우 중요하고 많은 업종들을 경험해 볼 기회가 생길 때마다 최대한 높은 ROAS와 좋은 성과 수치를 내는 것이 고액 연봉 마케터로 성장하는 데 큰 도움이 된다.

 그래서 필자는 마케터로 성장하는 단기 플랜부터 중장기 플랜까지 세워 두는 것을 추천한다. 자신이 마케터로 취업하게 된다면 어떤 업종에서 먼저 시작하게 될지, 또는 어떠한 업종에서 일을 하고 싶은지, 취업에 성공하여 마케터로 근무하게 된다면 어떠한 성과들을 만들어 내어 포트폴리오에 정리해 둘지까지 모두 미리 생각해 두고 계획을 세워 움직이는 것이 좋다.

 KPI를 설정하듯이, 목표 ROAS까지 구체적으로 목표 설정을 해 두는 것도 좋다. 자신에 대한 포장을 잘 하자. 기회가 된다면 리본으로 꾸며 봐도 좋다.

3.
능력 있는 마케터로 나를 포장하는 방법

요즘은 취업 자체도 어렵다. 누구나 알고 있는 사실이다. 마케터들도 마찬가지일 것이라 생각한다.

이 책은 전반적으로 마케터의 취업보다는 고액 연봉 마케터로 성장하는 방법에 대해 설명하고 있다. 필자는 고액 연봉 마케터가 되는 방법에 대해서 능력은 기본으로 가지고 있다는 것을 전제로 설명하고 있다. 능력을 키우는 것이 더 중요하다고 생각하시는 분들이 더 많다는 것을 안다. 그래서 능력 자체를 키우는 방법이 궁금하신 분들도 있을 것이다.

하지만, 필자가 이 책을 쓰게 된 계기는, 능력이 있음에도 불구하고 본인의 가치를 어필하지 못하는 사람들이 엄청나게 많다는 것을 인지했기 때문이다.

능력이 있으면 그냥 취업이 잘될 뿐이다. 여기서 중요한 건 연봉이 동결되거나 조금 오르거나다. 일반 사무직의 기준으로 연봉 200만 원이 올랐다고 한다면 많이 오른 것인가?

마케터의 연봉이 200만 원 올랐다고 한다면 많이 오른 것인가?

필자는 이직 시에 연봉 1,000만 원씩은 올려야 한다고 생각한다. 그 요령에 대해서 여러분을 설득하고 있는 책을 쓰고 있다.

능력이 있는데 취업이 잘되는 건 당연한 것 아닌가?
그런데 이직할 때, 연봉을 1,000만 원도 못 올리는데 그 사람을 정말 능력 있는 사람이라고 판단할 수 있는 것인가?

정말 능력이 있는 마케터라면 연봉 1,000만 원 이상 상승시켜 이직하는 것이 일반적이라고 생각한다. 필자도 그렇게 했고, 정말 능력 있는 마케터들은 그렇게 하며 자신들의 인생을 살고 있다. 물론 그렇지 못한 사람들도 분명히 있다. 이 책은 그들을 위한 책이다.

"여러분, 나 연봉 1,000만 원 올랐어요" 하는 게 아닌, "조금 시선을 달리해서 다른 각도로 세상을 바라보고 마인드에 변화를 주자"가 필자가 하고 싶은 말이다.

능력 있는 마케터로 포장하는 방법을 잘 익혀 둬야 한다. 포장하는 방법을 잘 배우려면, 어떻게 해야 좋을까? 필자가 미주알고주알 설명해 주면 그것을 그대로 실천하는 게 가장 좋은 방법일까?

더 좋은 방법이 있다. 그것은 자신을 더 잘 포장하거나 이력이 화려

한 사람들의 이력서 및 포트폴리오를 획득(획득이라 쓰고 염탐이라 읽는다)하는 것이다. 그들의 이력서 및 포트폴리오를 살펴보게 되면 배울 점이 아주 많다.

마케터 종류에 따라서, 마케터 시장의 현실을 직시하고 현황을 최대한 팩트에 근거하여 파악해야 한다. 직시하려면 잡코리아에서 현재 돌아가는 시장 상황을 꾸준히 봐야 한다. 시장 상황을 꾸준히 보려면 자신의 개인 아이디뿐만 아니라, 기업용 아이디도 있어야만 한다.

개인용 잡코리아 아이디로 로그인하면 어떤 활동들을 하는가? 필자는 예비 마케터들이 이력서를 넣고 싶은 기업의 채용 공고만 살펴보는 것을 추천하지 않는다. 되도록이면 많은 기업들의 채용 공고를 살펴보길 추천한다. 그리고 그 채용 공고 안에는 마케터로 취업을 성공하기 위한 해답이 모두 적혀 있다.

팁이 될 만한 것이 있다면, 기업용 아이디도 한 개쯤 가지고 있는 것이 도움 된다. 기업용 아이디를 쉽사리 구할 수는 없다. 하지만, 기업용 아이디를 구해서 채용 시장을 살펴보는 것과 살펴보지 않는 것의 차이는 매우 크다.

기업용아이디를 구할 수 있는 한 가지 방법이 있다. 본인이 개인사업자를 내고 해당 사업자로 잡코리아나 사람인에 기업 회원에 가입하는 것이다. 그리고 유료 결제를 하면 마케터들의 이력서나 포트폴리오 등을 살펴볼 수 있다. 유료 결제 비용이 10만 원 내였던 것으로 기억한다. 개인이력서를 확인하고 메시지를 보낼 수 있는 기능이 있는 세트가 7만 원 정도 했던 것으로 기억한다. 3달에 100건 정도 메시지를 보낼 수 있는 기능이다. 주니어마케터나 신입 기준으로 3달 정도에 이 비용이면 비싸게 느껴질 수 있다. 하지만, 자신에 대한 투자라고 생각해야 한다.

다시 말하면 기업용 아이디가 있어야 한다는 의미는 현재 취업 시장에 나와 있는 마케터들의 이력서도 꼼꼼히 살펴보고 분석이 필요하다는 의미이다.

조금 아쉽지만 기업용 아이디를 구하기가 번거롭다면 단순하게 잡코리아에서 인재 정보 메뉴를 클릭하고 분석을 시도해도 된다. 포트폴리오는 볼 수 없지만, 최소한 그 특정 인재들의 대략적인 이력서는 살펴볼 수 있다. 포트폴리오를 보는 것이 핵심이기 때문에 번거롭더라도 기업용 아이디를 구해 보자.

제대로 마케터가 되는 길을 분석하고 살펴보려면 이 정도 투자는 해야 하지 않을까?
아니, 해야 한다고 필자는 강력하게 주장한다.
취업교육학원을 다니는 것이나 자격증을 취득하는 것보다도 더 귀중한 팁이다.

한 달 정도 아르바이트를 하면 기업 회원으로 유료 결제를 하는 비용은 마련할 수 있을 것이다. 술값이나 치킨값을 한 달 동안 아껴서 자신보다 경력 있는 마케터들의 이력서를 살펴보고 분석해 보자. 진짜, 정말로 중요한 팁이다.

4장

—— 시간은 당신을
　　기다려 주지 않는다

1.
계획적으로, 체계적으로 목표 설정을 해야 한다

　어디서나 들어 볼 수 있는 말이다. 계획적으로, 체계적으로 목표 설정도 안 하고 사는 사람들이 있나? 필자가 하고 싶은 말은 목표 설정에 숫자와 기간이 반드시 들어가야 한다는 것을 강조하고 싶다. 목표 설정을 무엇으로 할 것인가? 그 목표에는 얼마만큼의 기간을 투여할 것인가?

　"시간은 당신을 기다려 주지 않는다."

　이렇게 말하는 필자도 사실은 게으른 편이다. 사실 이 한마디는 늘 내 자신에게 되뇌는 문장이다. 필자는 끊임없이 쉬지 않고 일하며 미래를 위해 시간을 효율적으로 쓰고 싶다고 늘 머릿속으로 생각하지만 현실은 무의미하게 시간을 보내는 게으른 베짱이에 불과하다.

　우선 계획을 잡아야 할 숫자는 ROAS이다. 당신이 고액 연봉을 받는 마케터로서 성장하려면 필수 항목이다. 위에서 언급한 바와 같이 중장기 플랜을 짜야 한다. 내가 현재 일하는 회사에서 언제까지, 얼마의 ROAS를 달성할 수 있을지를 계산해 보자. 현재 진행하고 있는 업무의 내용에 따라서 ROAS가 측정되지 않는 업무를 진행할 수도 있다. 중요한 것은 현재 내 상황에서 고효율의 ROAS를 뽑아낼 수 있도록 설계해야 한다는 점이다. 고효율의 ROAS를 뽑아낼 수 있는 업무를 맡는 것을 선호해 보자. 지금 당장 그 업무를 잘하지 못하더라도, 목표에 집중하여 끈기 있게 도전하거나 시도하면 ROAS는 언제든 오를 수 있다.

애초에 할당받은 업무가 ROAS나 성과 수치와 관련이 없는 업무라고 한다면, 현재 할당받고 있는 업무에서는 어떤 성과 수치를 발생시킬 수 있는지에 대해서도 고민해 보자. 성과 수치를 측정할 수 없다면 과감하게 성과 수치를 측정할 수 있는 다른 업무를 맡아 보자.

언제나 활용할 수 있는 자원은 자신의 주위에 많이 있다. 당신이 적극적으로 활용하지 않을 뿐이다. 현재 내가 진행하고 있는 업무 내용에서 반드시 고효율의 ROAS를 뽑아낼 수 있도록 설계하고 실행에 옮겨서 목표 ROAS를 달성하기 바란다. 그리고 목표 설정에 기간이 없다면 목표는 세월아, 네월아 늘어지기 마련이다. 반드시 기간을 정하고 목표를 설정하자.

두 번째로 잡아야 할 숫자는 목표 연봉 수치이다. 이 역시도 ROAS와 마찬가지로 기간을 정하고 언제까지 연봉 목표치에 도달하겠다는 구체적인 목표를 세워 보자. 여러분은 의구심이 들 것이다.

"내가 연봉을 목표치에 도달하겠다고 계획을 잡는다고 해서 회사가 연봉을 올려 주지는 않는다. 어떻게 연봉을 올리란 말인가?"

맞다. 회사는 연봉을 올려 주지 않는다. 필자도 어느 회사의 중간 관리자로서 절대 연봉을 올려 주지 않는다. 그 이유는 너무나 냉정한 현실 때문이다. 팀원인 여러분은 팀장의 성과지표에 불과하다. 팀원인 여러분이 뛰어난 성과를 낸다면, 그건 곧 팀장의 성과로도 귀결된다.

여기서 잊고 있는 불편한 진실이 하나 있다. 위에서 필자는 여러분의 월급도 마케팅 비용에 포함될 수 있다고 언급한 적이 있다. 기억하는가?

여러분의 월급도 회사 차원에서 보면 마케팅 비용이나 광고 비용에 포함될 수 있다. 이 점을 절대로 간과해서는 안 된다. 여러분은 회사의 소모품일 뿐이다. 중간 관리자인 팀장도 마찬가지다. 그저 회사의 소모품일 뿐이고, 오너는 비싼 연봉의 마케터에게 팀장 자리를 주며 마케팅 전체를 팀장에게 투자하는 것이고, 팀장 역시 팀원들을 자신의 능력껏 활용하며 자신의 성과에 대한 도구로 사용할 뿐이다.

"필자에게 틀렸다"라고 말하는 사람도 있을 수 있다. 미안하지만 난 틀리지 않았고, 이게 현실이다.

오너의 입장에서 살펴보자.

오너는 자신의 상품이 잘 팔려 자기 회사가 높은 매출을 달성하고 기업 가치가 증가하는 것들을 희망할 것이다. 또한, 가장 평범한 오너의 모습일 것이다. 이것을 위해 오너는 자신보다 마케팅을 잘 알고, 높은 매출액을 달성해 줄 팀장을 고용한다. 처음엔 높은 연봉에 머뭇거리지만, 투자라고 생각하고 마케팅 팀장을 고용하게 된다. 그리고 오너는 마케팅 팀장에게 자신에게 무엇이 필요한지를 충분히 설명해 주고 마케팅 팀장에게 업무를 부여한다. 이 과정에서 마케팅 팀장은 그 일을 충분히 수행할 수 있으며 그에 대한 대가로 자신의 높은 연봉을 부름과 동시에 팀을 개설할 것을 제안하는 것이 일반적이다. 팀장이 있으면 팀을 개설하는 것은 어찌 보면 일반적인 상식이다. 오너는 팀을 만드는 데 들어가는 비용도 투자한다.

투자 비용 대비 목표 매출액을 기대하면서 과감하게 투자를 진행하는 것이 일반적인 현실이다. 마케팅 팀장 입장에서도 팀원들을 낮은 비용에 사용하면서 고효율을 내고 싶어 한다. 그게 바로 자신의 성과와 직결되기 때문이다.

이 상황을 숫자로 설명해 보자.
마케팅 팀장 연봉 7,000만 원이라고 가정하고, 팀원들의 연봉은 각 3,000만 원으로 가정하고 팀원은 5명을 두는 것을 가정해 보자.

팀원 5명×3,000만 원=연 1억 5천만 원이다. 거기에 팀장 연봉 7,000만 원을 포함하면 오너 입장에서 최소 2억 2천만 원이 매년 지출되는 금액으로 확정된다. 인건비만 계산했을 때의 얘기이고, 마케팅 전략을 수립한 뒤에 광고 비용도 추경예산에 넣어야 한다. 광고 비용은 대략 월에 1억 원으로 책정되었다고 가정해 보자. 12개월로 따지면 광고 비용만 1년에 12억이고, 인건비는 2억 2천만 원이므로, 1년에 마케팅 활동과 팀에 들어가는 비용은 14억 2천만 원 정도 된다. 오너는 14억을 투자했고, 더 높은 매출액 또는 ROAS나 Roi or Roe를 기대하는 것이 일반적이다. ROAS 300%만 목표로 잡아도 14억을 투자했으니, 1년에 최소한 42억은 벌어들여야 수지가 맞을 것이다.

그리고 마케팅 팀장의 입장에서 또 한 번 상황을 보자면, 마케팅 팀장은 자신의 연봉과 팀원들의 연봉+광고 비용까지 사용하여 최소 ROAS 300% 이상의 매출을 끌어내야 한다. 당연한 소리겠지만, 판매 성과는 높을수록 좋다. 그리고 내부 비용은 최소화해야 ROAS가 더 높게 나올 것이다. 그리고 마케팅 팀장은 더 높은 실적으로 평가받을 수 있다. 여기서 말하는 내부 비용은 바로 여러분들의 연봉이다.

여러분들의 연봉이 왜 오를 수 없는지에 대해 얘기해 보았다.

결코 여러분들의 실력이 모자라서, 또는 능력이 부족해서가 아니다. 구조적으로 여러분들의 연봉은 오를 수 없다. (회사에서 올려 준다고 해도 쥐똥만큼 올려 주겠지….)
마케팅 팀장들은 그렇게 고효율로 압축된 성과를 계속 만들어 나갈 줄 아는 사람들이다. 현재 회사에서 몇 년 일하다가 이직할 때 고효율로 압축된 성과를 어필하며 연봉을 높게 불러 다른 오너에게 팔려 가면 그만이다. 이직이 뭐라고 생각하는가?

여러분이 뭐라고 생각하든지 간에, 앞으로는 생각을 필자와 같이 고쳐 보면 어떨지 조심스레 제안해 본다. 여러분은 이직에 대해서 "직장에 취업하여 경제활동을 한다고 생각하기보다는, 나를 최대한 비싼 값에 오너에게 판매한다"라고 생각하길 바란다. 마케터의 일은 결국 회사의 상품을 고객에게 판매하여 매출을 발생시키는 일이고, 연장선상으로 자신을 타 기업의 오너에게 비싼 값에 팔아 치우는 일을 이직이라고 생각해 보라고 필자는 조심스럽게 제안하고 있다.

여러분은 계획을 세울 때 여기까지 봐야 한다. 초보 마케터라면 당장 자신의 앞에 닥친 업무를 성실히 하고자 하는 열정이 가득할 테고, 절대로 여기까지 보는 눈을 가질 수 없다.

하지만 진짜 고연봉 마케터로 가는 길은 여기까지 볼 수 있는 시야를 가져야 한다. 그리고 필자는 이 책을 쓰면서 이 정보들과 여러분의 시야를 확장하는 과정과 개인적인 경험을 여러분에게 판매하고자 하는 것이다.

필자는 중요한 얘기를 다 한 것 같다. 이 책을 여기서 끝낼까? 하는 생각이 들 정도로 중요한 부분들을 충분히 어필했다는 생각이 든다.

똑똑한 여러분이라면 앞으로 여러분들이 무엇을 해야 할지 알아챘을 것이다.

다시 말하지만 여러분은 회사 내에서 소모품에 불과하다. 소모품에 맞게 시키는 일이나 하자고 생각하지 말고, 어떻게 자신의 가치를 높일지 계획하고 실행에 옮겨 보자.

자신의 가치를 높일 때, 앞서 말했던 자신을 브랜딩하여 자신의 몸값을 상승시키는 작업에 대한 구체화가 필요하다. 1장에서 언급했던 내용은 마케팅에 있어서 필요한 것들에 대해 간단히 알아보는 것이었다면, 이번 장에서는 자신에게 어떤 브랜딩이 필요할지 전략적으로 선택해야 한다는 이야기를 하고 싶다. 필자의 이야기를 사례로 조금 이야기를 나누어 보자.

필자가 마케팅 에서 자신 있는 분야는 콘텐츠, DB 분야, 마케팅 전략(브랜딩) 및 기획, 온라인 광고 분야이다.

필자의 첫 번째 강점 중 하나는 창의적인 기획 능력이다. 어릴 때부터 4차원이었던 필자는 누군가가 질문하면 동문서답을 내놓기 일쑤였지만, 그건 단지 그 질문에 대한 3보 또는 4보 앞의 답변을 했기 때문이었다. 어릴 때부터 자연스럽게 그런 대답들을 했었다.

그래서 필자는 괴짜라 불렸고 4차원의 멍청이로 주위 동창들에게 인지되었다. 어릴 때부터 왜 그랬는지는 모르겠지만, 그냥 그런 습관이 들어 버렸고 그와 함께 창의적인 생각을 하는 연습을 많이 했던 것 같다. 연습이라기보단 그냥 그런 생각들을 하는 것이 재미있었다. 남들이 이상이 너무 지나치고 현실적인 감각이 없다며 핀잔을 주어도 주눅 들지 않고 포기하지 않는 열정이 많은 아이였던 시절이 있었다. 이러한 습관은 필자를 창의적인 기획자로 발전시키는 데 큰 도움을 주었다. 지금은 기획 업무를 할 때, 어떻게 그런 창의적인 아이디어를 생각해 내는지 감탄하는 칭찬을 듣는 횟수가 많은 편이다. 이렇게까지 어필하면, "뭐 얼마나 창의적이길래 이렇게까지 표현하는거지?"라는 의문이 들 수 있다.

창의적인 의견을 많이 내어 본 사람으로서의 경험을 말하자면 대부분 의견이 드롭된다. 실현 가능성이나 효율적인 면에서 성능이 뒤떨어지는 의견들도 많기 때문이다. 그래도 항상 시도는 좋다고 생각한다.

문제는 기획에서 창의적인 것만 포함되진 않는다는 점이다. 오히려 현실적인 문제에 부딪히지 않고, 개연성이 맞아야 하고, 의도치 않은 문제들이 변수로 나타나지 않도록 하며, 단순한 기획일수록 효과가 좋다.

우리가 잊지 말아야 할 것은 창의적 기획이든지 단순한 기획이든지 간에 그 기획으로 인하여 매출 상승이 발생하였는가다. 매출 상승이 발생하지 않은 기획은 창의성이 아무리 뛰어난 기획이었다고 하더라도 쓰레기 기획이 될 수밖에 없다. 그런데 그 기획력으로 인하여 매출이 발생되었다면 우리는 스스로에게 이러한 브랜드 문구를 새길 수 있을 것 같다.

1) 돈 벌어다 주는 기획자
2) 창의적 기획으로 매출 뽑는 마케터

필자의 두 번째 강점 분야는 DB 마케팅 분야이다. 광고대행사에서 근무 시 우연한 계기로 DB 마케팅 분야에서 높은 실적을 발생시켜 광고주 측 마케터와 회사 대표님에게 인정을 받는 일이 있었는데, 그 이후로 DB 획득 분야의 마케팅 업무에 집중적으로 투입된 경험이 있다.

DB 마케팅 분야는 조금 생소하게 느끼는 사람들이 있을 수 있기 때문에 쉽게 설명을 하자면, 인적 정보를 획득하는 마케팅 방법을 말한다.

예를 들면, 일반적인 상품의 판매가 아닌 서비스를 제공하거나 판매하는 업종들의 마케팅이 이러한 인적 정보를 획득하는 DB 마케팅을 많이 활용한다. 보험 가입, 휴대전화 가입, 신용카드, 부동산(토지, 건물, 아파트 등) 구입, 자동차 구입, 병의원, 법률서비스 등 다양한 분야들에서 이를 활용한다.

이 분야들의 공통점은 서비스 구입 시 즉각적으로 구입하고 후기를 작성하는 방식이 아닌, 서비스가 필요한 사람이 문의를 통하여 상담을 신청하고 상담하는 과정에서 서비스 제공에 대한 상세한 정보를 얻은 후, 결제가 이뤄지는 방식이다. 주로 단가가 너무 비싸서 단번에 구매하기 어려운 서비스 제공 상품들이 이러한 유형에 속한다. 이런 상품들은 즉시 구매가 일어나지 않기 때문에 제공받을 서비스가 필요한 사람들이 자신의 개인정보 및 연락처와 같은 정보들을 남김으로써 회원의 DB를 보유하는 시스템을 갖추는데, 이러한 마케팅 방식을 DB 마케팅이라고 한다. 이 DB 마케팅 분야는 아는 사람들만 아는 분야이기 때문에 일반 상품군의 판매를 맡았던 마케터들은 접근을 어려워하는 분야이기도 하고 DB 마케팅을 전문적으로 하는 마케터들의 숫자도 적은 편이다.

DB 마케팅 업무를 잘해 낼 수 있는 마케터의 숫자도 적은 비율을 가진 상황에서 성과를 크게 내는 경우도 드물기 때문에 성과가 나오기 시작하고 DB 마케팅에 전문성을 가진 마케터라면 관련 분야에서 러브콜을 받기 쉽다.

고객의 DB 획득 방법은 여러 가지를 사용할 수 있지만, 이 과정에서 일반적으로 가장 많이 사용하는 방법은 블로그를 운영하는 방법이 가장 많이 채택되고 있다. 15년 이상 네이버에서 운영해 온 블로그 시스템은 DB 마케팅 분야에서 최고의 효율을 자랑하는 마케팅 매체이기 때문이다.

필자도 콘텐츠 마케터로 재직 시, 매일 3건의 블로그 글 작성으로 정말 많은 고객 DB를 확보하는 업무를 했었다. 어릴 땐, 성과측정을 해야 한다는 것을 몰랐고 매출 계산을 할 생각도 못 했기 때문에 얼마나 성과를 냈었는지는 알지 못했다. 하지만 성과측정을 하기 시작했을 땐, 블로그 한 달(30일 기준) 운영 비용 대비 높은 매출액이 발생하여 ROAS 약 3,000%라는 성과를 낸 이력이 있었다.

성과를 측정한다면 즉각적으로 매출이 발생되는 구조이기 때문에 자신을 브랜딩할 문구를 제작하는 것이 좋다. 예시 브랜딩 문구는 아래와 같이 생각해 보았다.

1) ROAS 6,000% DB 마케터
2) 전환률 높은 DB 획득 전문가

필자의 세 번째 강점 분야는 콘텐츠 마케팅 분야이다. 어릴 때 호기심으로 운영을 시작했던 블로그가 콘텐츠 분야로 첫발을 내딛는 계기가 되었다. 그땐 정말 뭘 모르고 필요한 콘텐츠가 있으면 만들어내기 바빴다. 그저 회사에서 시키는 대로 하면 먹고 살 만큼 월급 잘 주는 환경에서 콘텐츠 생성부터 기획까지 업무들을 진행했던 것 같다. 호기심으로 시작했던 글쓰기가 1년이 되고 3년을 지나, 10년이 넘어가고 보니 어느새 책을 쓰는 것도 가능하겠다 싶었다.

본래 문학 분야에는 소질이 없고, 전공을 하지도 않았지만 블로그 글을 많이 쓰다 보니 자신감이 생긴 것 같다. 물론 책을 쓰는 것도 가능하겠다는 생각을 갖게 된 것에 그럴 만한 계기가 있었던 것도 사실이다. 책을 써 보는 것은 이번이 처음이지만, 블로그 글을 자주 쓰다 보니 블로그 글의 퀄리티가 높아져 가는 것을 체감할 수 있었다. 글을 읽어 본 팀원들에게는 "글이 너무 좋다"라는 평을 많이 받았고, 대표들에게도 칭찬을 꽤 받았다. 이러한 상황들이 책까지 쓰게 만든 계기가 된 것 같다.

물론 이 상황에서 그 글들이 매출 올리는 고객 DB를 물어오는 것은 당연한 결과였다. 물어 온 고객 DB들은 매출로 연결되고 당연히 성과가 나오며 이미 발행된 콘텐츠를 검토하며 콘텐츠별 디벨롭 작업을 했더니, 창의적인 기획이 가능해졌다. 콘텐츠에도 창의성을 200% 이상 발휘할 수 있게 되었다. 덕분에 창의성 넘치는 영상 콘텐츠나 글로 만들어진 포스팅 콘텐츠들은 드롭되는 경우 없이 내 의지대로 제작되었고, 이를 매출과 연결시킬 수 있었다. 창의성 좋은 콘텐츠는 어디 가나 환영받으며 매출까지 연결이 된다면 훌륭한 콘텐츠이다.

콘텐츠는 글에만 국한되는 것이 아니고, 영상에도 적용이 가능하다. 창의성 있는 또는 매출이 잘 나온 콘텐츠가 있다면 영상 콘텐츠로도 제작하여 뿌리면 효과가 더 높게 나타날 수 있다.

콘텐츠 분야에서 스스로를 브랜딩한다면 아래와 같이 해 볼 수 있겠다.

1) 창의적인 콘텐츠로 매출 증가 3,000%
2) DB 수급 걱정 없는 콘텐츠 전문 마케터

필자의 네 번째 강점 분야는 마케팅 전략(브랜딩) 분야이다.

솔직히 이 분야는 필자보다 뛰어난 사람들이 워낙 많다. 필자 같은 전략가는 발에 차이고도 남을 것이다. 특히나 대기업에는 더 뛰어난 사람들이 많이 있을 것이라 예상하고 있다. 마케팅 전략이라고 하면 단어는 굉장히 익숙하겠지만, 정확하게 무슨 일을 하는 것인지 모를 수 있겠다 싶어서 예시 몇 가지를 소개하고자 한다.

사례 1)

A 회사는 현재 업계에서 1위 업체이다. 황금알을 낳는 분야라고 소문이 날 정도로 순이익률도 높아 많은 업체들이 진입을 노리며 탐내고 있지만, 진입장벽 또한 높아 진입이 쉽지 않다. 이런 시기에 진입장벽을 돌파하며 B라는 대기업이 시장에 진입했다.

B는 뒤늦게 진입하여 A 회사를 단기간에 1위에서 쫓아 낼 전략을 세웠다. 그 전략은 시장의 상품단가에 대한 가격 붕괴와 더불어 경쟁사의 시장점유율 감소전략을 채택하며 진입하는 것이다. 대량의 투자금을 투입하여 당장의 매출보다는 B 회사의 고객 시장점유율을 늘리고자 하며 말도 안 되는 낮은 단가로 상품가격 형성을 붕괴시켜,

기존 업계 1위인 A 회사의 매출액을 감소시킴과 동시에 시장의 점유율을 가져오는 것이다.

이러한 전략은 이미 이곳저곳에서 많이 사용되는 전략으로 조금만 관심을 가지면 우리 주위에서도 흔히 일어나고 있는 일이며 꽤 많이 사용되는 마케팅 전략이다.

사례 2)
경쟁사인 C 회사와 D 회사는 업계에서 1위와 2위를 유지한 지 20년이 넘었으며, 각각 상품의 질에 있어서 최고의 품질을 자랑하고 있다. 상품의 질에서 퀄리티를 높이는 것이 효율적이지 못하다고 판단한 결과, 경쟁사의 상품을 비방하는 마케팅 전략을 취하기로 했다. 그로 인하여 서로가 서로를 비방할 수 있는 바이럴 대행사를 선정하여 서로의 브랜드를 비방하는 마케팅 방식을 취하게 되었다.

이 방식은 비방하는 수준이 도를 넘어 뉴스에도 보도가 되는 사례가 있었다.

마케팅 전략과 더불어 브랜드와 브랜딩 작업도 매우 중요하다. 브랜드가 알려진 상품과 알려지지 않은 상품의 판매율은 너무나 큰 차이를 보인다. (개인적인 경험했던 부분을 실제 수치적으로 표현하고 싶지만, 정확하게 표현이 어려워 이 부분은 패스하겠다.)

브랜드의 차이에 따라, 줄을 서며 구입하는 상품이 있는가 하면, 아무리 광고비를 쏟아부어도 구매 전환율이 낮은 상품도 존재한다. 브랜딩 작업과 브랜드 메시지를 고객에게 지속적으로 노출하여 인식시키는 작업은 단순히 중요하다는 말로 표현하는 것은 부족할 정도로 매우 중요하다.

사례 3)
E 회사는 새로운 제품을 선보였지만, 브랜딩이 약하기 때문에 상품 매출이 거의 발생하지 않았다. 그렇기 때문에 당장 선택할 수 있는 마케팅 전략의 선택지가 매우 적은 편이었다. 결국 찾아낸 전략은 연예인 마케팅에 집중하는 것이었다. 단순하게 연예인을 모델로 섭외하여 광고를 찍는 것에 그치는 것이 아니라 해당 모델의 팬층을 구매 고객 타깃으로 잡고 매출을 발생시키는 전략을 채택한 것이다.

위 사례 세 가지와 같은 것들을 마케팅 전략이라고 부른다. 마케팅 전략을 잘 다루기 위해선, 기본적으로 기업들의 마케팅 역사를 잘 알고 있어야 하며, 20년 이상 존재해 온 기업들의 마케팅 역사를 꼼꼼하게 외우고 있는 것이 매우 중요하다고 필자는 생각한다. 언제나 역사는 현재의 거울이기 때문이다.

필자는 마케팅 전략 부분에서 뛰어난 성과를 낸 적은 없다. 하지만, 여러 중소기업들이 자신의 사업의 방향성과 마케팅 전략을 어떻게 가져가야 할지에 대해 고민하는 것을 컨설팅으로 도와준 사례는 많이 있다. 이러한 전략 제시는 현재 근무 중인 회사에서도 반영하여 운영되고 있고, 현재 근무하고 있는 회사 기준, 대표님께 최적의 마케팅 전략으로 인정받아 프로젝트를 진행하며 근무하고 있다.

이 영역에 대해서는 마케팅 전략을 잘 제시한다는 것을 개인 브랜딩화하여 자신에게 새기는 것이 과연 맞는 방향성을 지니는가에 대해 검토해 봐야 한다고 생각했다.

마케팅 전략 제시라는 것은 결국 해당 기업의 경영에도 한발 걸치는 일이 될 수밖에 없다. 그러한 중요한 분야와 의견을 아무에게나 들을 수는 없는 일이거니와, 듣는다 하더라도 반영에는 신중할 수밖에 없다. 개인 브랜딩을 스스로에게 아무리 잘 포장한다고 하더라도 그것이 특정 오너의 경영에 반영되기에는 어렵다는 이야기다.

이 부분에 대해서는 자신을 브랜딩하기보다는 자신이 마케팅 전략을 구상하거나 제시했던 스토리를 어필함으로써 기업의 오너에게 자신을 기억시키는 방법을 채택하는 것이 옳다고 주장한다.

브랜딩이라는 것은 결국 우리 회사의 브랜드를 소비자에게 긍정적인 기억으로 심어 주는 작업이다. 오랜 시간 브랜드를 고객들에게 노출함으로써 브랜드를 알릴 수 있지만, 시간은 우리를 기다려 주지 않는다. 브랜드를 소비자에게 조금 더 빠르게 기억시키는 방법은 브랜드와 스토리텔링을 결합하는 방법이다. 스토리텔링은 고객에게 브랜딩을 기억시키는 데 있어서 매우(×10) 중요하다.

여러분이 영어단어를 외운다고 생각해 보자. 'wholesale'가 있다. 코스트코나 대형 마트에 가면 흔히 볼 수 있는 단어이다. 단어장에서 본 적이 없어서, 의미를 몰랐다고 하더라도 마트에서 많이 본 기억은 있었다. 궁금했지만 따로 찾아본 적은 없었다. 그런데 이번에 외워야 할 일이 생겨서 뜻을 찾아보았다고 해 보자. 찾아보았더니 뜻은 '도매의, 도매가격, 대량의, 대규모의'이다. 우리는 이것을 보고 쉽게 대형마트와 연관 지을 수 있다. 어렵게 외우려 하지 않아도 바로 외워질 확률이 매우 높다. 누군가 스토리텔링을 시도하지 않았음에도 불구하고 고객 스스로 스토리텔링을 만들어 버린 사례가 될 수 있다.

A라는 브랜드를 고객 한 명에게 기억시키기 위해 얼마나 큰 광고 비용이 들어가는지 여러분은 상상도 못 할 거라고 확신한다. 하지만, 스토리텔링을 활용한다면 광고 비용을 크게 소모할 필요 없이 무서울 정도로 깊숙하게 고객의 인지와 기억의 영역에 접근할 수 있다.

필자는 대학교 때 복수전공으로 심리학을 전공했다. 그래서 심심할 때, 심리학 논문이나 심리학 박사분들의 유튜브 채널을 찾아 보는 편인데, 어떤 심리학자가 유튜브에 올린 영상에는 이런 내용이 있었다.

"기억과 감정은 다르지 않다. 하나다."

평소에는 생각하지 못했던 영역이었지만, 곱씹어 생각해 볼 수록 소름 돋는 의견이었다. 마케터인 필자에게는 너무나 무서운 말이었다.

고객에게 우리 기업을 기억시키기 위해 큰돈이 들어가고 그것을 상쇄하고 효율적으로 작업하기 위해 스토리텔링에 큰 에너지를 쓰고 있는데, 기억과 감정은 하나라니…. 필자는 정말 너무 크게 공감했다.

기억과 감정이 하나라는 사실에 공감하지 못할 수도 있다. 해당 자료에서는 감정이 빠지면 기억하는 것이 매우 어렵다고 서술하고 있었다. 유튜브 채널에 감정이 기억에 미치는 영향에 대한 자료가 많이 있으니 이해가 정 어렵다면 개별적으로 찾아 보자.

심리학 수업 시간에는 기억이 뇌라는 저장소에 정보가 저장되는 절차에 대해서만 간략하게 배웠을 뿐이었다. 감정이 기억에 미치는 영향에 대해서는 학부에서 배운 적이 없었다.

필자가 이렇게 긴 글을 적고 있는 이유는 기업의 오너에게 자신을 비싸게 팔아 치울 수 있는 방법 중, 스스로에게 개인 브랜딩을 적용하라는 내용을 언급하고 있었다.

그런데 기억과 감정은 하나라는 이 이야기를 뒤집어 얘기하면, '다 필요 없고, 기업의 오너도 사람이기 때문에 면접 볼 때 좋은 감정을 심어 주면 나를 긍정적으로 기억한다'라는 얘기가 될 수도 있다. 물론 이것이 전부는 아니겠지만 자신을 실력 좋은 고연봉의 마케터로 기업의 오너에게 기억시키는 시간은 매우 짧고 사소한 것만으로도 충분히 가능할 수 있다는 이야기가 된다.

이 부분은, 실제 업무할 때에도 크게 도움이 될 수 있다. 고객에게 우리 브랜드를 쉽게 기억시킬 수 있는 방법 중 하나를 또 찾아낸 것이기 때문이다.

'마케팅 전략과 브랜딩은 이런 것이다'라고 설명하기 위해 예시를 다양하게 들어 보았다. 충분히 이해가 되었을 것이라 생각한다.

필자는 대학생 때 개발자로 활동했었기 때문에 홈페이지 제작 및 기획, SEO 최적화나 광고 및 구글 애널리틱스, GTM 제작과 같은 고객분석툴에 대한 스크립트 삽입을 자유자재로 다룰 수 있다. 이 분야에 대해서는 숫자로 매출을 입증할 방법이 없었지만, 근무하는 회사의 홈페이지 개편이라든지, 오류가 난 소스 수정 등, 고객 퍼널 추적 등의 세팅이 가능하기 때문에 이러한 부분도 개인에게 새겨질 브랜딩 문구를 가져올 수 있다.

쓰다 보니, 필자 스스로 자랑하는 글 같아서 멋쩍은 느낌이 들지만 다른 사람의 것을 가져오는 것보다 필자의 실제 사례를 첨부하는 것이 옳다고 생각하여 정리하였으니, 필자가 가지고 있는 경험이 여러분에게 도움이 되길 바란다.

온라인 광고 분야는 워낙 다룰 줄 아는 사람들도 많고, 교육도 많이 이루어져 있고, 진입장벽도 높지 않다고 생각한다. 요즘엔 마케팅 온라인 학원들도 많이 있는데, 광고를 세팅하는 방법을 가르쳐 주는 강좌도 많이 접하는 것 같다.

사실 광고 집행이 가능한 온라인 매체들은 대부분 광고를 세팅하는 방법이 어렵지 않다. 간혹 광고 세팅이 어렵다고 느끼는 경우가 있다. 그것은 광고를 세팅하는 인터페이스가 복잡해 보이거나 또는 광고 세팅 시 표현되는 단어들이 어렵고 복잡하게 느껴지기 때문이다. 용어만 익숙해진다면 사실 어려울 것도 없다.

광고 집행 시에 또 중요한 점은 매체별 광고 시스템에 대한 알고리즘을 어느 정도 파악하고 있어야 한다. 그래야 광고 세팅 하는 데 어려움이 없다. 이것들만 잘 체크해도 광고 세팅은 어렵지 않지만, 그래도 처음 보는 인터페이스에 못 보던 용어들이 등장하면 광고 세팅을 하다가 하루 종일 시간이 걸릴 수 있다.

사실 정말 중요한 건, 광고의 효율성이다. 내가 얼마의 광고비를 투여했고, 그 광고를 클릭한 고객이 몇 명인지, 랜딩 페이지로 유입된 고객이 몇 명이고, 구매 전환이 발생한 건은 몇 건인지, 그 결과로 매출액이 얼마가 나왔는지에 대해 체크하는 것이 중요하다.

사실 광고는 이 측정 부분이 원활하게 세팅되어 있지 않으면 광고를 잘 세팅하는 것이 의미가 없다.

결국 온라인 학원이나 광고를 공부하기 위해 특정 매체의 광고 세팅을 만져 보며 어려움을 스스로 극복하려고 하는 노력은 가상하지만, 측정과 높은 ROAS 수치가 없는 한, 광고 세팅은 무의미하다는 얘기를 하고 싶었다. 온라인 광고에서는 측정과 고효율의 ROAS가 전부라고 말해도 과언이 아니기 때문이다.

필자는 DB 마케팅 업무를 진행할 때 인생 최고의 ROAS를 온라인 광고에서 뽑아 본 경험이 있다. 광고 비용 약 200만 원으로 3억에 가까운 매출 실적을 낸 이력이 있었다. 매우 성공적인 캠페인이었으며 필자가 고액 연봉 마케터가 되는 길을 시원하게 뚫어 준 광고캠페인이기도 했다.

만약에 측정이 없었다면, 필자가 이렇게 고효율의 광고 세팅으로 매출을 발생시켰다는 것을 그 누가 알 수 있었을까? 광고하는 마케터에게 측정이란, 생명줄과도 같다고 표현하고 싶다.

고액 연봉 마케터를 바란다면 측정이 가장 중요한 티어 상승요인이라는 것을 꼭 기억하자.

온라인 광고 분야 개인 브랜딩은 이런 메시지가 좋겠다.

- ROAS 14,000% 고효율 마케터

위와 같이 개인에게 브랜딩을 문구를 새기기 시작하면 본인의 가치를 상승시키는 데 큰 도움이 된다. 위에 쓰인 브랜딩 문구들은 이력서 제목으로 사용하기에도 적합하다.

2.
여성분들이라면 더욱 이 챕터에 집중해 보자

마케터라는 직업은 남성보다 여성분들이 더 많다. 그리고 여성분들이 남성보다 더 많이 선호하는 직업이다. 정확한 통계 자료는 구하지 못했지만, 필자의 경험상 마케터는 남자보다 여자가 훨씬 많다. 아, 소개가 늦었다. 필자는 남자다. 그리고 고연봉 마케터로 가는 길은 남자 마케터보다는 여자 마케터가 훨씬 불리하다. 일반적으로 사회생활 자체가 남자보다 여성이 불리하다. 누구나 알고 있는 사실이고, 아무리 사무직이라 해도 마케팅 분야 또한 남자보다는 여자들이 고연봉 마케터에 도달하는 데에 불리한 위치에 있다. 필자는 그 이유를 사회적 구조에서 찾고 있다.

필자도 결혼을 했고, 와이프와 함께 아이를 가졌으며 배우자 출산 휴가 및 배우자 출산 휴가 비용도 지급받았다. 그러나 현실은 출산 휴가 일자도 충분히 받지 못했으며 휴가 비용도 쥐꼬리보다도 작은 금액이었다. 분명히 정부에서는 아기를 낳으면 많이 지원해 준다고 했는데, 정작 지원받고 나서 뒤돌아보면 내가 무엇을 받긴 한 건가? 하는 생각이 들게 된다.

철저하게 커리어 위주로 삶을 사는 여성분들이라면 남자 마케터보다 불리하지 않다. 하지만 그럴 수 있는 여성분들이 과연, 얼마나 될까? 그렇기 때문에 여성분들은 더욱 초반에 바짝 연봉을 올려 두어야 한다. 자신이 가정을 꾸리고 싶은 마음이 있고, 언제가 될지는 알 수 없지만, 2세를 가지고 싶다는 생각을 가지고 있다면 2세를 갖기 전에 바짝 연봉을 높여 두어야 한다. 추후에 일을 쉬게 되었다가 다시 복귀하더라도 연봉을 하향 조정하는 사태가 일어나면 안 되기 때문이다. 꽤 많은 여성분들이 2세를 낳고 복귀 후에, 재취업을 위하여 연봉을 하향 조정하여 취업하는 경우가 굉장히 빈번하게 일어나고 있다.

2023년 여성가족부 홈페이지에, 2022년도의 경력단절 여성의 경제활동 실태조사 결과를 발표한 자료가 있다. 이 자료에서는 여성의 경력단절 경험과 경력단절 당시와 재취업 후의 일자리 및 임금 변화 등에 대해 조사한 자료였다. 그중 일부를 다루어 보겠다.

코로나19 시기(2020. 03.~) 일을 그만둔 여성의 65.5%가 30대이며, 일을 그만둔 당시 53.9%가 대면업무가 많은 서비스 업종에 종사하였고, 일을 그만둔 직접적인 요인은 긴급한 자녀돌봄 상황의 대응방안의 부재라고 조사되었다.

경력단절 이후 첫 번째 일자리의 현황을 살펴보면 사무직/전문가 등의 일자리는 감소하였고, 판매/서비스직, 임시직/자영업자, 시간제 일자리는 증가하였다.

경력단절 후 첫 일자리 임금은 경력단절 이전의 84.5% 수준이며 경력단절을 경험한 여성의 현재 임금은 경력단절을 경험하지 않은 여성의 84.2% 수준으로 경력단절이 임금 격차를 유발하는 주요 요인으로 조사되었다는 결과이다.

중앙일보에서는 "아이 있는 10명 중 6명이 경단녀이고, 취업해도 12년 전 연봉 수준의 임금을 받는다"라는 보도자료도 있다. (2023. 06. 02, 중앙일보, 김나한 기자)

이와 같이, 여성분들은 자녀의 양육 때문에도 경력단절이 될 수 있고 그것이 아니더라도 사회적인 문제나 기타 다양한 구조적인 문제들로 인하여 경력이 단절되는 경우가 비일비재하다. 그렇기 때문에 경력단절이 일어나기 전의 연봉을 최대한 고연봉으로 맞춰 두는 작업이 필요하다. 또한, 단절되기 전의 연봉과 재취업 시의 연봉 수준을 낮추는 것이 아니라 더 올려서 취업을 할 수 있도록 자신의 가치를 높이고 브랜딩화하여야만 한다.

아래는 필자가 실제로 경험한 일이다.

필자는 팀장의 포지션으로 인하여, 꽤 많은 이력서를 받아 본 경험이 있다. 마케터를 채용하는 데 있어 신입을 채용할 때도 있지만, 경력직을 채용할 때도 많았다. 경력직을 채용할 때면 위 실태조사의 결과처럼 경력이 단절된 여성분들이 어쩔 수 없이 기존 연봉을 하향 조정하여 입사하거나, 애초에 연봉 수준이 높지 않은 경우를 많이 접하였다. 정말 심각하다고 생각한 케이스도 있었다.

마케터로서 일한 경력이 총 18년인 여성분이 계셨는데, 최고 연봉은 결혼 전인 시기에 3,600만 원이었고, 당시 구직 중일 때는 희망 연봉이 3,300만 원이었다. 18년 정도 일을 했는데도 불구하고 연봉이 오르기는커녕 하향 조정된 상태였다. 참 안타까웠다.

필자는 평균 연봉 4,000만 원 선의 팀원을 구인하고 있었다. 솔직히 그 여성분과 1차 면접에서 대화라도 해 보고 싶은 마음이 굴뚝같았다. 하지만 이내 생각을 바꾸었다. 경력이 필자보다도 7년이나 많았지만, 그녀는 자신의 가치를 예쁘게 포장하여 기업의 오너에게 자신을 판매할 줄 모르는 사람이었다. 그런 마케터에게 우리 물건을 판매해서 매출 상승을 목표로 함께 나아가는 것은 불가능하다고 생각했다. 그래서 서류 전형에서 탈락 처리 하였다.

절대로 위 사례와 같은 일이 발생하지 않기를 바란다. 또한, 내 책을 읽고 있는 당신이 여성분이라면 위 사례의 여성분과 같은 삶을 살지 않기 위해서라도 그러지 않을 것을 추천한다. 자신의 가치는 자신이 만드는 것이다. 실력에 자신이 있다면(앞으로 입사할 회사에 더 높은 매출액을 안겨다 줄 수 있다면) 더 도도한 자세로, 더 높은 연봉을 제시하는 멋진 여성이 되자.

앞서 말했듯, 연봉을 높이려면 고효율의 ROAS를 기본 품행으로 삼아야 할 것이다. 그렇기 때문에 연애나 결혼, 임신 등과 같은 이슈가 발생하기 전에 중장기 플랜을 하루빨리 세우길 추천한다.

당신에게도 경력단절이라는 일이 언제든지 일어날 수 있고, 위 통계 자료에서처럼 기존 임금은 경력단절 이전보다 84.5% 수준으로 낮아질 수 있다. 낮아지는 상황을 만들지 않는 것이 최선이지만, 그 상황을 겪을 수밖에 없게 된다면 자신의 가치를 더 예쁘게 포장해 보자.

필자가 느끼기에는 취업이 잘되지 않는다고 하여, 연봉을 낮추는 그 순간부터 본인의 연봉에 대한 균형이 걷잡을 수 없이 무너질 것이라고 생각한다. 그리고 그 뒤로는 회복하기가 매우 어려울 것이다.

3.
목표에 가까이 다가갔다면 그다음은

앞선 챕터에서 매년 연봉을 1,000만 원씩 올린다는 내용이 있었다. 이 내용은 근무 중인 회사에서 연봉 상향에 대한 방법을 얘기하는 것이 아니다. 앞선 다른 챕터에서도 언급했지만, 그건 불가능에 가깝다. 매년 연봉을 1,000만 원씩 올릴 수 있는 건 사실 회사를 이직할 때에만 가능한 일이다.

전제 조건도 필요하다. 성과 수치가 좋아야 하고 포트폴리오에 잘 포장되어 있어야 한다. 면접도 잘 봐야 하고, 이직할 회사에서도 포지션이 맞아야 한다. 마지막으로 그 연봉을 줄 수 있는 회사여야 한다.

필자가 경험한 것을 기준으로 연봉 6,000만 원일 때였던 것 같다. 그 연봉을 줄 수 있는 회사인가 아닌가의 기준을 말하고 있다.

스치듯 한마디 적고 넘어간 부분이 있었는데, 필자는 중소기업에서 근무한 이력이 많다. 그렇기 때문에 중소기업에서 일을 많이 해 본 경험이 있는 분들을 대상으로 또는 중소기업에서 일을 할 예정인 분들에게 설명하고 있다.

회사마다 직원들의 연봉테이블이 있다. 기업의 입장에서 연봉테이블은 고정지출비용이다. 월 또는 연 기준으로 전 직원에 대한 연봉테이블이 있을 것이고 이사, 본부장, 부장, 차장, 과장, 대리, 주임 등 직급별로 이미 정해져 있을 것이다. 부서별로도 하는 업무의 범위에 따라서 인원수가 정해져 있을 것이다.

가령 예를 들어서, 전 직원 30명(대표 포함)이 있는데 연봉 기준 인건비에 대한 고정지출비용이 대략 14억이라고 가정해 보자.

대표, 본부장, 이사급이 연봉 각 1억 미만이라고 가정한다.
부장, 차장급이 연봉 각 7천 미만이라고 가정한다.
과장, 대리급이 연봉 각 5천 미만이라고 가정한다.
주임급 미만이 연봉 각 3천 미만이라고 가정한다.

임원급이 3명이면 각 1억씩 3억이고
부장, 차장급이 4명이면 각 7천만 원씩 2억 8천이다.
과장, 대리급이 6명이면 각 5천만 원씩 3억이다.
주임급 미만이 17명이면 각 3천만 원씩 약 5억 1천이다.
모두 합치면, 연 인건비가 13억 9천만 원으로 약 14억 책정된다.

위와 같이 가정하였을 때, 마케팅 팀장이 부장, 차장급으로 연봉 테이블이 7천만 원 선으로 형성이 되어 있는 기업이라면 연봉 6천만 원 이상을 줄 수 있는 회사이다.

위 예시들은 필자가 가정한 가상의 수치와 회사의 데이터일 뿐이다. 그리고 안타깝게도, 필자가 면접 보러 다니며 경험한 대부분의 중소기업들은 마케팅 팀장급의 연봉을 6천만 원 이상 줄 수 있는, 바꿔 말하면 부장, 차장급의 연봉을 6천만 원 이상 줄 수 있는 중소기업들이 많지 않았다.

그렇다면 부장, 차장급의 연봉을 6천만 원 이상 맞춰 줄 수 있는 기업이 많은 업무지구에 대해 살펴보겠다. 서울을 기준으로 했을 때, 각 지역마다도 특색이 있었다. 아래는 각 업무지구마다 1~5개 정도의 기업들에 면접을 다니며 얻은 정보들이다.

우선 강남권은 연봉 6천만 원 이상 지급이 가능하다. 중소기업들도 많이 포진되어 있고 고액 연봉자들이 근무할 수 있는 기업들도 많이 포진되어 있다.

서울 중구 시청, 광화문 인근 업무지구 또한 금융기업들이 많이 포진되어 있는 주위 회사들은 가능하다. 하지만 이쪽은 중소기업들이 포진되어 있다기보다는 대부분 대기업이다.

여의도 업무지구도 가능하다. 대기업, 중소기업 가리지 않고 포진되어 있으며 금융권 회사라는 특수성 때문에 연봉테이블이 높은 편이다.

하지만, 그 외 업무지구들에서는 연봉 6천만 원 이상의 연봉에 대해서 인색한 표현을 많이 하였다. 인색한 표현을 많이 하였다의 기준은 필자의 개인 경험이며 면접 다니면서 연봉 협상 시 느낀 점들을 토대로 정리하였다.

구로디지털단지, 가산디지털단지, 마곡업무지구, 상암DMC 업무지구, 성수동 업무지구 등에서는 최대 연봉 5천만 원 선을 유지하고 있는 것으로 경험하였다.

모든 회사가 그렇지 않을 수 있다. 아무리 필자가 경험이 많다고 해도 수많은 회사를 모두 조사하고 다녀 볼 수는 없으니까.

최종적으로 연봉 6천만 원 이상을 줄 수 있는 회사들은 서울권 기준 강남, 여의도, 중구뿐이었다.

이러한 모든 전제 조건이 충족되지 못하면 매년 연봉을 1,000만 원씩 올린다는 것은 힘들 수 있다.

결국 연봉을 올린다는 것은 회사가 여러분의 능력을 인정하면서 동시에 여러분을 원해야 하고, 실제로 여러분도 그에 준하는 능력을 갖춰야 한다.

위와 같이 회사와의 조건도 잘 맞아서 연봉을 이렇게 올리게 된다면 개인적으로는 매우 좋다. 그러나 동시에 기업 입장에서는 좋아하지 않는다. 3년간 회사를 3번 이직했다고 가정해 보자. 4번째 회사에서 과연 당신을 채용할까? 4번째 회사의 인사 담당자는 이렇게 생각할 것이다.

"1년 있다가 무조건 나가겠네."

채용할 가치가 없어지는 것이다.

필자가 말하는 방법대로 근무하는 회사마다 ROAS 상승을 기본 소양으로 갖추고, 실적을 쌓아 회사에 돈을 벌어 주는 존재라는 것을 숫자로 증명하게 되면 여러분은 이직하면서 연봉을 올릴 수 있게 된다.

그렇게 해서 첫 챕터에서 언급되었던 상위 10% 마케터가 되었다고 가정해 보자. 1년마다 이직하며 연봉을 1,000만 원 단위로 상승시키는 방법이 앞으로 더 가능할 수도 있겠지만, 더 이상 1년마다 이직하는 것이 쉽지 않은 시기가 찾아온다.

성과가 높더라도 나이가 너무 어려서 그럴 수 없게 될 수도 있고, 고연봉을 부르는 마케터 자체를 부담스러워할 수도 있다. 기업 입장에서도 마케터를 채용할 때 가성비를 체크하기 때문이다. 되도록이면 실력이 비슷해 보이는 사람들 중, 낮은 연봉을 부르는 사람을 채용하게 될 것이다. 필자가 하고 싶은 말은 이 방법에는 한계가 있다는 얘기다.

 대략 3번 정도이다. 매년 3년간 3번 이직으로 3,000만 원 연봉을 올렸다면 당신은 아주 성공적으로 연봉 상승을 했다고 말할 수 있다. 그다음부터는 매년 이직하는 게 아니라 최소 3년에 한 번 연봉을 올려 이직해야 연봉 상승이 가능할 것이라 생각된다. 그렇게 해도 손해는 아니지만, 매년 올라가던 연봉이 그다음엔 3년 만에 올릴 수 있는 부분이다 보니, 개인적으로는 손해로 느껴질 수도 있다. 그렇다면 이제 우리가 취해야 하는 자세는 무엇일까?

 이 시점에 당신이 도달했다면 당신은 연봉이 꽤 높은 상태일 것이다. 대기업이 아닌 이상, 사무직치고 연봉이 높은 경우는 드물다. 주 5일제에 야근도 없는 부류의 직장일 경우 더욱 그렇다. 그래서 당신이 이 시점에 다다랐다면, 당신은 이제 선택해야 한다.

 현상 유지 하고 마케팅 업무를 하면서 안정적으로 돈을 벌 것인가, 개인의 일을 할 것인가.

 필자는 개인의 일을 하는 방향을 선택했다. 정확하게는 개인의 일을 추가한 것이다.

 안정적으로 연봉을 받으면서 부업으로 내가 할 수 있는 다른 일을 찾아 개인의 일을 하며 돈을 벌기로 선택했다. 우리가 아무리 고액 연봉자가 되었다고 한들, 다른 전문직이나 더 돈을 많이 버는 사람들은 세상에 널려 있다. 당신은 이제 겨우 우물 안에 있다가 밖으로 나와 본 몇 안 되는 개구리 중 하나이기 때문이다.

내가 높은 연봉을 받지 못할 때에는 미처 몰랐다. 연봉이 100만 원만 올랐으면 좋겠다는 바람만 가지고 있었다. 행동이나 계획을 잡고 실천도 하지 않았다. 하지만, 전략과 계획을 세우고 고액 연봉을 달성해 보니 이제야 겨우 우물 밖으로 나왔구나 하는 생각이 들었다. 여기에서 말하는 고액 연봉이란 마케터들 사이에서나 고액 연봉이지 다른 직업군에 비하면 그저 그런 수준이다.

우물 밖으로 나와 보니, 너무나 여실히 느끼게 되었다. 그깟 사무직 업종에서 남들보다 조금 더 받는다고 자만해선 절대로 안 된다는 것을 느끼며 오히려 더 내 자신이 부끄러워졌다. 더 정진하고 더 노력해야 한다는 다짐만 더 굳어졌을 뿐이다.

얼마 전 뉴스를 보니, 대한민국 전국에 10억 이상 자산을 가진 자산가는 약 45만 6,000명으로 집계되었다고 한다. 보유 자산이 100억이 넘는 자산가는 국내 약 3만 2,000명으로 집계되었다고 한다. 아울러 그 기사에는 월 700만 원 이상 저축이 가능해야 '부자'라고 언급하고 있었다.

필자가 사무직에서 남들보다 더 받는 고액 연봉자라고 표현했을 때, 이 '부자'라는 분들이 내 책을 접한다면 어떤 반응을 보일까? 아마 그들은 웃고 넘어갈 것이다.

 필자가 말하는 '우물 안 개구리에서 벗어났다'는 표현은 이제야 조금 연봉 수준이 높아졌다는 뜻이다. '부자'들의 자산 내역에 관심이 가고 눈에 들어오기 시작하였으며 현실적으로 피부에 느껴지기 시작했다.

 그것을 느끼고 나니 '나는 아무것도 아니다'라는 생각이 많이 들었다. 자괴감이 든 것도 사실이다. 그래서 항상 겸손해야 하고 더 정진해야 하며 더 많이 벌어야 한다는 생각을 깊이 하게 되었다.

 그러니 당신도 목표에 다다랐다면, 그다음을 준비해야 한다. 위에서 언급한 것처럼 만족해도 무관하다.

 하지만, 여러분이 필자와 같이 여기까지 도달했다면, 또는 도달하기 위한 과정에 있다면 그다음도 함께 내다보고 준비할 것을 강력하게 추천한다.

 물론, 여기에서 만족해도 상관없다.
 그건 오로지 개인의 선택이니까.

5장

── 마케팅을 효율적으로
   공부하는 법

1.
문어체와 구어체의 놀라운 마법

 우리는 어린 시절, 최소 초등학생일 때부터 공부를 시작하며 공부를 하는 습관이나 방법을 꽤 오랜 시간 연습해 온다. 그리고 언어(국어)를 잘할수록 다른 과목에 대한 이해도도 빠르게 증가한다. 필자는 어릴 때 이 당연한 사실을 몰랐다. 국어는 모국어이고, 늘 사용하는 것이다 보니 대충 공부해도 성적에 큰 지장이 없을 것이라 생각했다. 큰 착각이고 실수였다.

 이 나비효과는 국어 과목의 점수뿐만 아니라 다른 과목의 점수에도 영향을 미쳤다. 너무 못하는 수준이라면 거의 말귀도 못 알아듣는다. 공부를 할 때 또는 시험을 볼 때를 생각해 보자. 가장 관련성이 없는 수학이 언어 능력에 영향을 크게 받는다는 생각을 해 본 적이 있는가? 수학은 모든 과목들 중, 가장 글이 적은 과목이다. 누구나 잘 알고 있는 사실이다. 하지만, 필자는 수학 과목 역시, 언어 능력의 영향을 크게 받는다고 생각한다.

 수학 시험을 보고 있다. 숫자 및 다양한 도형 문제들을 생각하면 지금도 그 늪에서 어떻게 살아나왔는지 기억이 나지도 않는다. 애초에 살아나오지 못했는데, 살아나왔다고 믿는 것 일까?

시험은 근본적으로 문제해결 능력을 평가한다. 문제해결 능력을 평가하려면 주어진 문제를 통해 그 유명한 '출제자의 의도'를 파악해야 한다. 출제자의 의도를 파악하려면 비슷한 유형의 문제들을 사전에 풀어 보면서 문제를 이해하는 능력이 뒷받침되어야 한다.

이해하는 능력에 대하여, 우린 흔히 수리 능력이 필요하다고 말하지만, 필자는 다르게 생각한다. 필요한 것은 언어 능력이다. 기본적으로 언어 능력이 떨어지면 수학의 개념 이해 능력이 떨어질 수밖에 없다.

수학은 문제를 푸는 것보다, 개념 이해의 능력과 사고의 능력이 훨씬 중요하다고 생각한다. 결국 언어 능력이 뒷받침되어야만 수학도 잘할 수 있다는 결론에 이른다고 판단한다. 그렇기 때문에 필자는 언어 능력이 숫자와 도형이 빼곡한 수학에서도 큰 영향을 끼친다고 본다.

이 언어 능력은 문어체와 구어체를 해석하는 데 도움을 준다. 언어 능력이 뛰어난 사람과 그렇지 못한 사람의 차이는 이런 것이라고 생각한다.

언어 능력이 뛰어난 사람이 문어체를 해석하여 같은 내용을 구어체로 설명할 수 있는 사람이 있는가 하면, 그렇지 못한 사람은 문어체를 읽으면 이해가 되었다고 생각하지만 그것을 구어체로 설명하지는 못한다. 우리는 이런 경우를 그냥 모르는 것이라고 표현한다.

중요한 것은 공부를 잘하는 친구들은 이 부분이 이미 완성되어 있다. 언어능력이 뛰어난 편이기 때문이다. 그리고 언어능력이 뛰어난 뒷배경에는 글을 많이 읽었을 것이라고 예측한다. 국어 시간에 문어체와 구어체에 대해 배운 적이 있을 것이다. 평상시 너무나 자연스럽게 사용하는 것들이기 때문에 문어체란 무엇이며 구어체란 무엇인지 간단히 짚어 본 후 넘어갔던 기억이 난다. 간단히만 설명해 줘도 학생들에게 문어체와 구어체에 대해 충분한 설명이 이뤄졌다고 생각한다. 그렇게 어려운 개념도 아니니까. 딱히 중요하다고 생각하지 않을 수 있다.

하지만 필자는 문어체와 구어체는 너무나 중요하다고 생각한다. 특히 학습하고 공부할 때에는 이 차이점을 명확하게 알고 공부해야 한다고 생각한다. 위에서 언급했듯이, 공부를 잘하는 친구들은 문어체로 표현되어 있는 책의 내용을 잘 이해한다. 책에는 구어체로 표현되어 있지 않기 때문에 구어체에 익숙하고 평소 글을 잘 읽지 않는 사람들에게는 공부가 적성에 맞지 않는다고 느낄 수 있다.

예를 들어 보자, 혹시 민법에 대해 공부해 본 적이 있는가? 선의와 악의에 대한 민법의 정의는 우리가 일반적으로 알고 있는 선의와 악의와는 다르다. 그와 동시에 분명히 한글로 적혀 있는 민법 책인데, 외계어로 보이는 경험을 하게 된다. 아무리 읽어도 무슨 말인지 이해가 되지 않는다. 왜 그럴까? 그냥 단순하게 우리가 민법을 처음 배워서 책만 읽으면 이해하지 못하는 걸까?

아, 물론 민법에서 자주 사용되는 특정 용어들이나 의미들을 알고 있어야 조금 더 이해가 쉬운 건 사실이다. 하지만 의미를 안다고 해도 이해가 되지 않는 것은 매한가지다.

필자는 이 차이가 문어체와 구어체에서 온다고 본다.

민법은 정말 재미있는 과목이다. 책을 직접 읽지 않고, 민법 강사님의 강의를 들어 본다는 전제하에 매우 재미있는 과목이다. 민법 강사님의 강의를 들을 때만큼은 민법이 그렇게 쉬울 수가 없었다. 하지만 책을 펴 보면 여전히 머리가 아프고, 무슨 말인지 이해할 수 없고, 잠이 올 뿐이다.

공부 잘하는 친구들은 책에서 문어체의 내용을 읽으면 그 정보를 구어체로 설명할 수 있도록 빠르게 이해하는 특징이 있다고 생각한다. 문어체로 쓰인 내용의 요점을 파악하고 이해하여 스스로 정보를 말할 수 있을 정도로 소화한다는 것은 그만큼 정보의 습득량도 빨라지고 이해력도 높아진다.

이걸 마케팅 용어로 예시를 들어 설명해 보겠다. 주제는 ROAS와 Roi의 차이에 대한 것이다.

[문어체]

ROAS는 캠페인의 집행 비용 대비 캠페인의 수익을 의미하는 Return On Ad Spend의 약자로 수익률을 말한다. 1,000만 원을 비용으로 투여하여 매출액이 5,000만 원이 발생하였다면 ROAS는 500%로 표기한다.

Roi는 마케팅 투자 비용 대비 마케팅 활동으로 일어난 수익을 의미한다. Return on investment의 약자로 투자 비용에 대한 수익률을 보여 주게 된다. 역시 1,000만 원의 비용을 투여하여 매출액이 5,000만 원이 발생하였다면 Roi는 500%로 표기한다.

필자는 위 '문어체' 내용을 일부러 조금 애매하게 표현했다. 정보가 틀리진 않았지만, 그렇다고 해서 정확하다고 볼 수 없게 표현해 보았다. 책에 문어체로 내용을 표현하는 것은 생각보다 어려운 일이다. 위 ROAS와 Roi에 대해 문어체로 기재된 내용을 읽어 보면 둘의 차이점이 무엇인지 알 수 없도록 아주 애매하게 표현되어 있다. 하지만 위 내용을 구어체로 바꾸어 다시 표현해 보자면 이렇다.

[구어체]

ROAS는 광고비 쓴 돈 대비 수익률이고, Roi는 쓴 돈 에 대한 순수익률이야.

이처럼 구어체로 표현하면 간단하게 한 줄로 끝낼 수 있는 것을 문어체로 표현하면 좀 복잡하게 보일 수 있다.

사실 ROAS는 광고 집행 시에 투여되는 광고 집행 비용 대비 매출액을 계산하여 수익률을 체크해 볼 수 있고, Roi는 투자 비용 대비 순수익률이다. 둘의 차이점은 광고 비용이 포함된 수익률이냐, 직원 월급과 같은 인건비나 사무실 월세 같은 고정지출 비용 등을 모두 제외한 순수익률이냐의 차이를 가진다.

근데 꼭 웹문서에 정보를 찾다 보면 친절하게는 쓰여 있지만 집중해서 읽지 않으면 내용을 헷갈리는 사람들도 많이 있다. 그 간극을 빠르게 좁혀야 마케팅 공부를 효율적으로 할 수 있다.

2.
마케팅을 공부할 때 계산기가 필수인 이유

바로 위 주제에서 ROAS와 Roi를 언급하였다. 계산기가 필수인 이유는 마케팅에서 숫자가 빠진다면 그건 마케팅이 아니기 때문이다. ROAS와 Roi를 제외하고서도 광고에서도 노출량이나 클릭 수 및 CTR, Conversion Rate와 같은 숫자들이 매우 중요하다.

그리고 이 수치들의 상관관계에 대해서 아주 잘 알아야 하며 수치만 봐도 해당 캠페인이 좋은 성과를 낸 것인지 아닌 것인지 바로 알 수 있을 정도로 숫자와 친해져야 한다. 일반적으로 소수점 둘째 자리까지는 무조건 사용하기 때문에 계산기가 필수이다.

계산기가 필요한 간략한 계산식 몇 개만 적어 보자면 이렇다.

[ROAS 계산식]
(매출액/광고비)×100à(1억/5천만 원)×100=200%

[CTR 계산식]
(클릭 수/노출 수)×100à(100/1,000)×100=10%

[구매 전환율]

(전환 수/클릭 수)×100à(100/1,000)×100=10%

이것 외에도, 광고 분야 또한 매우 당연하게 많은 수식이 필요하다. 그렇기 때문에 마케팅에서 계산기는 필수이며 계산 공식들도 어느 정도 외우고 있으면 편하다. 다만, 기본 원리와 마케팅 계산식의 개념을 알고 있다면 계산 공식을 외우고 있지 않더라도 특정 값을 구할 때에 도움이 된다.

산수가 부족하면 꾸준히 연습하자. 계산을 잘 못하면 마케팅 업무를 보기가 매우 힘들다. 사실 마케터들은 계산을 밥 먹듯이 하기 때문에 실수로라도 틀리면 안 된다.

필자가 어디 가서 마케팅을 한다고 하면 사람들은 대부분 SNS 홍보를 먼저 떠올린다. 인스타그램이나 스레드, 틱톡, 유튜브, 네이버 광고와 같은 것들을 먼저 떠올리며 관심을 갖는다. 그들은 마케팅에 대해 잘 모르는 일반인들이다. 그들은 구매 전환이 왜 중요한지 이해하지 못한다. 그냥 광고가 나오면 나오나 보다 하고 생각할 뿐이다.

하지만 마케터라면, 특정 광고가 어떤 지면에 노출되었을 때, 2시간에 3,500만 원짜리의 광고고 2시간 평균 노출량은 300만 명 정도 된다고 인지하고 있어야 한다. 우리 마케터들은 숫자로 모든 것을 분석하고 판단하고 결정해야 한다.

필자는 마케터들도 전문직이라고 생각한다. 마케터 커뮤니티에서 글을 읽다 보면, "우리는 잡부다"라며 고생을 많이 하고 있다는 내용을 우회적으로 표현하는 글들이 간혹 있는데, 틀린 말은 아니다.

워낙 마케팅의 범위가 광범위하기 때문에 어느 회사에 가든지, 회사에서 시키는 업무는 대부분 마케터의 R&R에 포함되어 있는 경우가 많다. 그래서 A 업무도 마케터가 진행하고, B 업무도 마케터가 하고, C 업무도 마케터가 하게 된다. 그래서 잡부라는 한탄 섞인 표현이 틀리진 않았다고 본다.

하지만 우리는 전문직이다. 한탄하는 그 마케터들은 아마도 고액 연봉자가 아니기 때문에 한탄하고 있었을 것이다. 일은 고되지만, 연봉 상승의 기미는 보이지 않기 때문이다.

여러분도 필자처럼 돌파구를 찾아야 한다. 연봉도 숫자이다. 적은 광고비로 높은 매출을 기록하면 높은 ROAS가 발생되는 것은 너무나 당연한 이치이다.

여러분이 스스로의 월급과 함께 태운 광고 비용 대비 매출액이 낮다면, 당신의 연봉도 함께 삭감될 것이다. 월급이 실제로 삭감되는 일은 거의 없겠지만, 이러한 긴장감을 가지고 집중하여 높은 ROAS를 뽑아 보자.

당장 회사만 좋은 일을 시킨다고 욕하면 안 된다. 회사에서 높은 매출액이 나오면 정리를 잘 해 두자. 나중에 포트폴리오에 아름다운 숫자들을 정리할 수 있다. 그 숫자들이 결국 여러분을 고액 연봉자로 만들어 주는 밑바탕이 될 것이다. 그렇기 때문에 여러분은 마케팅을 공부할 때 숫자 계산도 절대로 빼놓지 말아야 한다.

숫자와 친숙해져야 한다.
숫자만 나타나도 분석이 가능해야 한다.
숫자만 보아도 고객의 니즈를 파악할 수 있어야 한다.

3.
실전 경험이 최고다

 필자는 직원들을 교육할 때 미주알고주알 설명해 주는 스타일이 아니다. 경험상, 그렇게 친절하게 다 설명해 주고 교육해 주면 머리에 남아 있질 않았다. 직접 실전에서 경험해 보게 하는 것이 가장 머릿속에 남도록 교육하는 방법이다.

 그래서 실전에 들어가기 전 간단하게 필수적인 것만 교육해 주고, 그 외에는 알아서 찾아서 해 보라고 한다. 근무 시간 내에 해당 업무 1건을 가지고 끙끙대는 답답한 상황을 보게 되더라도, 부하 직원을 키우고 가르쳐야 하는 상황에서는 이 방법을 사용한다. 그렇게 하면 두 번 가르치진 않아도 된다. 그리고 이 경험들은 여러분들을 급속도로 성장하게 만드는 원동력이 된다.

 내 밑에 있던 부하 직원 중, 자신의 업무 스케줄을 칼같이 관리하고 자신의 업무가 아니라고 판단되면 맡지 않는 사원이 있었다. 요즘 MZ 세대들 입장에서는 당연한 거라고 전해 들었다.

 서로 생각과 가치관이 다르기에 강요하진 않았지만, 필자는 이런 성향은 스스로에게 좋지 않다고 판단한다. 어리고 경력이 짧을 때에는 무엇이든지 직접 경험해 보고 부딪쳐 보고 고생도 해 봐야 실력이 빠르게 늘어난다. 단순하게 안정적인 것만을 추구하며 내가 하는 일만 고집한다면 그 사람은 성장할 수 없다고 단언한다.

필자는 올라운더의 성향을 가지고 있다고 소개한 바 있다. 그리고 처음엔 가장 연봉이 낮은 온라인 마케팅 분야부터 시작했지만, 현재는 전략 마케팅 분야에서 총괄팀장을 맡고 있다고도 했다. 솔직히 말해서 전략 마케팅 분야에서 총괄팀장을 하려면 미주알고주알 마케팅 분야에 대한 모든 것을 다 알아야 한다.

특정 업무에 대해서 직접 작업해 보지 않으면 모를 수밖에 없는 부분들까지 세세하게 알아야 한다. 필자가 대부분의 분야를 섭렵하고 알게 된 것은 일을 가리지 않고 해 본 적 없는 일이 없도록, 경험해 볼 수 있는 모든 업무들을 직접 모두 진행할 수 있도록 노력했기 때문이다. 현재 필자가 총괄팀장인 데에는, 이러한 뒷배경이 있었다.

심지어 필자는 정말 어릴 때, 웹 개발(php)을 전공했고 쇼핑몰도 직접 만들어 보았으며 홈페이지는 거짓말 조금 보태서 메모장으로 만든다. (사실은 에디트플러스를 사용한다.) 그 덕분에 필자는 구글 애널리틱스나 각종 광고에서 사용되는 스크립트나 픽셀이라 불리는 광고 시스템의 추적 코드들도 자사 홈페이지에 직접 삽입하고 테스트까지 마친다.

웹 퍼블리싱 분야 또한 당연히 만질 줄 알고, DB 백단 세팅과 서버 세팅도 가능하다. 마케터가 DB 세팅과 서버 세팅까지 알 필요가 있나? 질문한다면 알고 있을 필요 없다.

하지만, 회사에서 홈페이지가 제작되는 업무가 진행된다면 메인으로 업무가 하달되는 부서가 마케팅 부서이다. 마케터가 홈페이지 제작에 관여한다는 얘기는 사이트의 콘텐츠와 서비스 및 매출 구조만 보는 것이 아니라는 것이다.

관리자 페이지에서 사이트 내의 접속자 현황, 트래픽, 페이지뷰, 이탈률 등을 체크하여 이탈이 많은 페이지도 찾아야 하고, 회원 가입자 수도 체크할 수 있는 통계 기반의 시스템까지도 구축해 놔야 한다. 그와 더불어 어떤 광고 매체로 어떤 유형의 고객이 우리 사이트에 유입되었는지 구글 애널리틱스로 빠짐없이 볼 수 있도록 세팅도 신경써 줘야 한다.

SEO로 상위 노출 최적화도 신경 써 줘야 한다. SEO는 아무나 하지 못하는 영역이다. 전체 마케터를 100이라고 본다면 10 정도의 소수의 마케터들만이 SEO 분야를 활용하고 있다. 위에서 언급했듯이, SEO에는 Technical, on/off, contents와 같은 영역들이 있고 두루 섭렵하고 끊임없이 연구해야 하는 분야이다. 그래야 자사 콘텐츠의 상위 노출을 꾀할 수 있다.

이러한 부분에 있어서 필자의 서버나 DB 및 웹 퍼블리싱과 관련된 능력들은 상당히 도움이 크게 된다. 우리 마케터들은 하다못해 사이트 내의 클릭존도 신경 써야 하기에….

그렇기 때문에 필자는 최대한 자신이 다룰 수 있는 역량을 키우기 위해 모든 분야를 섭렵하는 것을 추천하고 그것을 위해 실전 경험을 최대한 많이 쌓아 두는 것을 적극 권한다.

실전 경험을 가장 많이 쌓을 수 있는 곳은 단연 회사이다. 프로젝트성 업무가 아니라고 하더라도, 맡게 되는 업무들은 회사의 매출과 연결되는 주요 업무일 가능성이 높다. 사소하거나 쉬운 업무라 하더라도 그 업무들이 회사의 매출에 어떤 영향을 미치는지 잘 파악하면서 경험을 쌓는 것이 중요하다.

이런 경험들이 쌓여서 본인의 실력이 되고, 성과 수치가 좋을 땐 성과가 되면서 자신의 가치도 상승시킬 수 있다.

학원에서 배우는 기술들도 좋은 경험이 될 수 있다. 학원에서 배우는 기술들은 반복 학습만 똑 부러지게 한다면 잊지 않고 효율적으로 계속 활용할 수 있다.

또 학원에서 공부하는 것들에는 마무리 과정 중 포트폴리오 제작을 위한 실습 과정이 포함되어 있기 때문에 기술 습득과 동시에 포트폴리오 작성에도 도움이 된다. 이런 실무와 관련된 경험도 도움이 많이 된다.

이 경험들은 신입 마케터의 입장에선 귀중한 베이스 지식이 될 수도 있다. 필자의 바람은, 여기에서 얻게 된 경험이 성과 수치로도 이어지길 희망한다. 학원에서 진행되는 포트폴리오는 성과까지 이어지는 프로젝트들은 드문 편이다.

성과는 매출이나 ROAS로 나타나는 경험이어야 한다.

4.
마케팅 분야별 공부

마케팅의 각 분야별 공부법을 정리해 보고자 한다. 필자가 개인적으로 추천하는 방법들이다. 필자의 방법이 잘못된 것일 수도 있다. 검증된 바는 없으니까, 하지만 필자의 방식은 올바르다고 본다.

브랜드 마케팅

브랜드 전략을 세우는 것이 시작점이라 본다. 근데 사실 통합 전략은 뭘 알아야 세울 수 있다. 전통대로 하자면 마케팅 SWOT부터 STP, 4P에 대한 것들을 분석하고 전략을 세워야 한다. 하지만 요즘 트렌드에는 맞지 않다는 말도 많다. 급변하는 매체나 시장 상황에 대체할 수 없기 때문이다. 그래서 4P 대신 7P도 있다.

마케팅 전략을 세울 때, 머릿속으로만 생각하고 가늠하는 것과 직접 문서화하여 살펴보는 것에는 큰 차이가 있다. 그렇기 때문에 위에 언급한 것들에 대해서는 가볍게 공부하면서 직접 해 보는 것이 좋다. 문서로 도식화가 되었다면 어떤 방향성을 가져야 하는지에 대해서도 윤곽이 드러날 것이다.

필자의 공부법은… 아니, 필자는 모든 것을 경험을 바탕으로 표현하는 습관이 있다. 공부법 역시 마찬가지다. 책이나 유튜브 영상으로 공부하면서 하나부터 열까지, 지식의 습득을 하는 방식보다는 몸으로 부딪히며 체득하는 방식을 선호한다.

방향성에 대해 윤곽이 드러난다면 하나씩 실행하며 나아가기만 하면 되는데, 여기까지는 어찌저찌한다고 해도 진짜 뭘 알아야 실행할 수 있는 영역이 발생한다.

이 순간을 위해, 필자는 타 유명 기업들의 브랜드 역사를 학습하길 추천한다. 요즘은 학습하기 좋은 세상이라 생각한다. 유튜브에 검색하면 웬만한 건 다 나온다. 성공한 타 기업의 브랜드 역사들을 학습하면 내 기업이 나아가야 할 방향성이 보이면서 저절로 학습이 될 것이다. 역사를 아는 것만큼 현재를 잘 살펴볼 수 있는 방법은 없다고 생각한다.

브랜딩에는 기획, 포지션, 슬로건, 톤 앤 매너, 스토리텔링 등 챙겨야 할 것들이 많다. 타 기업들의 브랜딩 역사를 살펴보면 이에 대한 답은 모두 나와 있다. 그래서 브랜드 관련 공부법은 역사를 공부하는 방향을 잡길 추천한다.

콘텐츠 마케팅

콘텐츠를 기획하고 발행하면 되는 분야이다. 어려울 것이 뭐가 있겠는가? 하고 생각할 수 있다. 콘텐츠 분야도 공부가 필요하다고 생각한다. 다만, 여러분의 생각과 필자의 생각에 차이가 좀 있을 수 있다.

콘텐츠는 영상이나 글로 표현하는 것으로 크게 나뉠 수 있다. 어떤 콘텐츠를 어떤 매체에 올리느냐에 따라 기획이 달라진다.

일반적으로 콘텐츠를 생성하면 콘텐츠 마케터들은 발행 후의 노출량이나 좋아요, 댓글과 같은 피드백을 보고서에 작성하기 마련이다. 일반적인 콘텐츠 마케터들은 늘 그렇게 일을 해 왔고, 아무 이상 없는 활동이다.

하지만 필자는 이 부분은 중요하지 않다고 생각한다. 중요한 것은 전환이다. 콘텐츠 1개만으로도 충분히 고객의 구매 전환이 일어날 수 있다고 본다. 전환값은 매출로 잡고 매출액도 추적하여 성과측정을 할 수 있어야 한다고 본다.

콘텐츠로 매출이 발생하려면 고객의 공감을 불러일으키는 콘텐츠가 필수이다.

그래서 콘텐츠 마케터가 되려면 공부해야 할 것들은 기본적으로 글쓰기나 영상 촬영 또는 영상 편집, 포토샵 편집 기술 등이 있어야 한다. 관련된 부분은 기술적인 부분의 영향력이 크기 때문에 별도로 학원을 다녀 배워 두면 좋다. 이 부분은 콘텐츠를 발행할 때 도움이 되는 깃들이다.

근본적으로 매출이 발생하는 콘텐츠를 발행하려면 고객의 공감을 일으키는 콘텐츠여야 하는데, 그것은 업의 특성과도 연계되어 있다. 결국 현재 일하고 있는 회사의 업 종류에 대하여 깊게 이해하고 있어야 고객들의 니즈를 찾아 고객들이 공감하는 콘텐츠를 발행할 수 있다.

그렇기 때문에 콘텐츠 마케터는 기술적인 부분(글, 이미지, 영상)에 대한 툴이나 능력적인 부분을 공부함과 동시에 회사에서 판매하는 상품이나 회사의 업에 대해 깊게 공부해야 한다.

퍼포먼스 마케팅

퍼포먼스 마케팅 분야는, 이론으로 풀이하면 뭘 하든 성과 분석 해서 지표들을 수치로 나타내고 문제점과 개선점을 도출하여 반영하는 분야이다. 철저하게 데이터로 검증하는 것이 특징이다.

이론적인 부분만 보면 굉장히 포괄적일 것 같지만, 온라인 광고에 국한된 이야기로 대부분 표현한다. 대표적으로 네이버나 구글의 SA(검색 광고)나 DA(배너 광고)들이 포함된다. 광고 시스템에 대한 이해와 세팅할 때의 인터페이스 등을 숙지하면 좋다.

광고 집행 시, 예산 분배 전략이나 노출 전략 등을 함께 세울 수 있도록 공부하면 도움이 된다. 광고 집행 시에 가장 중요한 것은 광고 전략을 세우는 것이다. 전략을 세울 때, 광고 시스템 내의 광고 알고리즘을 파악하는 것도 중요하다. 온라인 광고 시스템에서 가장 어렵게 느끼는 것이 광고 알고리즘 분야이다.

광고 알고리즘은 학원에 가도 못 배운다. 학원 강사들도 모른다. 아는 척 하지만 실질적으로 모른다. 누가 알려 주지도 않는다. 오롯이 혼자서 광고를 집행해 가며 분석하면서 습득해야 한다. 누가 알려 주지 않는 이유는, 본인도 잘 모르기 때문이다. 또 누군가가 정확히 안다고 하더라도 그것이 사실인지는 그 누구도 모른다. 가설일 뿐이고 검증 단계에서 90%의 확률로 '이런 방식의 알고리즘이다'라고 예측만 할 뿐이다. 정확한 건 아무도 모르기 때문에 누가 알려 줄 수 없는 영역이다.

공부해야 할 영역이 한 가지 더 있다. 측정의 영역이다. 전환 추적과 더불어 ROAS에 대한 성과측정을 공부해야 한다. 성과측정은 회사에게도, 개인에게도 매우 중요하다.

구글 애널리틱스를 공부함과 동시에 측정의 프로세스도 세팅하고 점검할 줄 알아야 한다. 그에 대한 방법들을 공부해 놓으면 도움이 크게 된다.

6장

이력서 및 포트폴리오 챙기는 법

1.
마케터 채용, 자격증이 중요해?! 포트폴리오가 중요해?!

　1장의 마지막에서 마케팅 관련 분야의 자격증보다 포트폴리오가 우선시된다고 강력하게 어필했던 필자의 말을 기억하는가?
　마케터가 아닌 일반 사람들은 마케팅 하면 SNS와 유튜브 등과 같은 매체들을 생각하겠지만 우리 마케터들은 숫자를 가장 중요시한다. 포트폴리오를 챙긴다면 숫자로 무엇이든 표현해야 한다. 그것이 연봉도 상승시키고, 마케터로 취업도 가능하게 만든다.
　마케터의 포트폴리오가 숫자로 되어 있다는 뜻은 결론부터 말하면 회사에 돈을 벌어다 줄 수 있는 사람인가, 아닌가의 차이다.

　마케팅 팀장의 입장에서는 검색 광고나 SNS 관련 자격증 2개를 취득한 것보다, 아름다운 ROAS의 성과 수치를 가진 마케터의 포트폴리오가 훨씬 매력적으로 느껴질 수밖에 없다.

　필자는 마케팅 관련 자격증이 단 한 개도 없다. 이미 현업에서 한창 일하고 있을 때부터 마케팅 관련 자격증들이 생겨났기 때문에, 취득할 이유도 없고, 관심도 없었다. 그런데 문득 궁금한 마음이 생겨 검색 광고 마케터 1급 자격증의 기출문제들을 살펴보았다. 문제들을 살펴보고 난 후 드는 생각은 '기출문제들은 짜임새 있게 잘 만들어졌다'였다. 기출문제로 출제된 모든 문제들을 맞힌다는 전제하에 '신입치고는 괜찮은 실력을 가졌을 것이다'라는 느낌을 받았다.

하지만 이것은, 신입의 기준이다. 검색 광고 자격증 또는 SNS 자격증은 특정 매체나 광고 시스템에 대한 기능을 다루는 것에 초점이 맞춰져 있다. 또는 마케팅 관련 지식의 수준을 측정하거나 특정 용어에 대한 정의나 개념을 잡는 것에 초점이 맞춰져 있다. 또, 경력직 기준의 눈높이에서 살펴보자면 너무나 쉬운 문제들이라고 판단되었다. 모르면 안 되는 문제들이라고 생각되었고 틀리면 안 되는 계산 문제들도 많이 있었다.

문제 예시) 광고 비용 2,000,000원을 소진하여 ROAS 1,500%가 발생하였다. 매출액은 얼마인가?

계산 문제도 이렇게 쉬운 문제들이 태반이었다. 틀리면 정말 안 되는 문제들이었다.

그러나 ROAS 성과 수치를 포트폴리오로 가지고 있는 경우에는 사람이 달라 보인다. 광고 세팅이나 SNS의 기능에 대해서 잘 모르는 경우가 있다고 하더라도 기본적인 기능은 숙지하고 있을 것이고, 광고 세팅도 디테일하게 한다고 해서 고효율의 ROAS가 발생되는 것이 아니다.

그런 것들은 소비자의 니즈, 상세페이지의 구성, 상품의 퀄리티 등 여러 가지 고객의 구매 욕구를 충족해야 발생될 수 있는 부분이다. ROAS 수치가 아름답다는 것은 회사의 매출에 직접적이고 긍정적인 영향을 주었다는 얘기가 된다.

자격증이 없다고 하더라도, 이미 고객에게 판매하는 방법을 익혔다고 판단되는 케이스이다. 자격증을 가졌지만, ROAS 성과 수치가 없는 사람보다는 뚜렷한 성과 수치를 가지고 있는 사람이 마케팅 팀장의 눈이나 기업의 오너 입장에서 훨씬 더 매력적으로 보일 수밖에 없다.

그래서 포트폴리오에 아름다운 ROAS 성과 수치가 기재되어 있을 때, 채용하거나 연봉 협상을 할 때 유리한 것은 당연하다. 포트폴리오만큼 중요한 마케팅 분야 자격증이 존재하긴 한다. 물론 필자의 개인적인 견해이다. 하지만 중간 관리자급이나 마케팅 팀장들의 생각은 대부분 비슷하다. 만약에 마케팅 관련 유망한 자격증을 보유하고 싶다면, 포트폴리오만큼 중요하다고 판단되는 자격증도 있기 때문에 이것을 함께 준비하길 추천한다.

구글 애널리틱스는 자사 홈페이지에 유입되는 고객들에 대한 데이터를 분석할 수 있도록 도와주는 분석 툴이다. 관련 자격증으로는 GAIQ가 있다. 수많은 마케터들 중 GAIQ 자격증을 가진 마케터는 그리 많지 않거니와, 구글 애널리틱스를 제대로 다룰 줄 아는 마케터들의 숫자도 많지 않다. 단순하게 구글 애널리틱스를 다루는 것뿐만 아니라, 심화 단계인 GTM을 제대로 다룰 줄 아는 마케터들은 손에 꼽을 정도이며 이들의 연봉은 평균 마케터들의 연봉보다 높은 편이다.

이번에는 학원에 다니면서 마케터로서의 취업을 준비하는 것에 대해 이야기해 보겠다. 최근에는 마케팅 관련 온라인 교육 기관이 너무 많다. 조금만 인터넷에 검색해 보면 여러 학원들의 광고들이 먼저 노출이 될 정도다. 마케팅 학원인 만큼 마케팅 전략이나 광고들도 공격적으로 진행하는 것 같았다.

자격증을 취득하는 것과 학원에서 마케팅 관련 지식을 배우는 것, 둘 중 어떤 방법을 취하는 것이 취업에 더 도움이 될까?

결론부터 말하자면, 자신이 어떤 채용 포지션에 지원하고자 하는가와 어떤 과정을 공부했느냐에 따라 달라진다. 결국 자기가 하기 나름이라는 얘기인데, 필자가 하나 마나 한 얘기를 했다고 서운해하지 않았으면 좋겠다.

일반적인 마케터 채용 직군 기준으로 어떤 과정들을 공부하면 도움이 되는지 얘기해 보려고 한다. 마케터마다 실제로 하는 일에는 차이가 있다. 하지만 공통적으로 우리가 잊지 말아야 할 것들이 있다. 우리의 목표 및 방향성 설정, 성과 수치(숫자), 고객의 니즈. 이것들은 분야가 달라도 공통적으로 챙겨야 한다.

브랜드 마케터

　브랜드 마케터는 기업 브랜드, 제품 브랜드, 또는 기존의 브랜드에 대해 리브랜딩하거나, 창업으로 인한 신규 브랜드를 론칭한다. 결국 브랜드를 기업이든, 제품에 대한 것이든 브랜드를 만들거나 강화하는 분야이다.

　브랜드 마케팅 분야는 검증된 자격증은 없는 것으로 인지하고 있다. 민간 자격증은 있지만, 난이도가 높지 않고 취득하기 쉽다고 한다. 필자 경험상으로는 브랜드 마케팅이 다른 분야들에 비해서 좀 더 난이도가 있다고 판단된다. '끝판왕'의 느낌이랄까…. 연봉도 다른 마케터들보다 조금 더 높은 편이다. 이런 생태인데, 브랜드 마케팅 관련 자격증이 쉽다고 한다면, 실력 향상에 정말 도움이 될까?

　그렇다면 학원에 관련 강의는 있을까?
　오래전부터 대학교 수업에서부터 브랜딩에 대한 강의는 많이 있었다. 하지만 대부분 하품 나오는 강의들이 많고 지루하다. 실질적으로 실무에는 도움이 되었는지 수강했던 사람들에게 물어보면 5명 중, 5명이 잘 모르겠다고 대답했다. 통계수치는 없으며 필자 개인의 경험이다.

　브랜드 마케팅의 특성상, 실무 능력과 직결되는 것을 단기간에 배운다는 것은 현실적으로 불가능하다. 브랜딩과 관련된 내용은 굉장히 방대하다. 기본적으로 유명한 기업이나 현재 시가총액이 높은 기업들이 브랜드를 어떻게 만들었고, 어떻게 강화했는지에 대한 역사를 살펴보는 것이 먼저다. 그 이후엔 브랜드 전략이나 PR, 스토리텔링과 같은 것들을 배울 것이다.

필자가 브랜딩에 대한 교육을 진행한다면 기존 브랜드들의 역사를 꼼꼼하게 외우는 것을 중점적으로 할 것이다. 스터디를 하듯이, 서로 자료를 조사하고 발표하고 토론하고… 이런 교육을 진행할 것 같다. 역사를 알면 현재가 보이는 것과 같은 이치다.

하지만 이런 강의를 하는 곳은 없다. 다른 기업의 브랜드 역사를 다루는 강의를 해 주는 곳은 없다. 기껏해야 브랜드에 포지셔닝하는 방법과 브랜드에 메시지를 담는 방법, 스토리텔링을 하는 법 정도를 가르칠 것이다. 찾아보니 그마저도 강의가 몇 개 없었다. 그만큼 브랜딩에 대한 교육과정은 애매한 것이 현실이다.

대학교에서 브랜딩에 대한 강의를 들었다면 지루한 수업이나마 도움이 될 것이라고 생각하지만, 학원에서 배울 수 있는 것은 제한적이다. 기술만 전수받는 느낌이다. 필자는 언제나 본질이 중요하다고 생각한다. 학문을 위해 학문을 연마하는 느낌은 좋아하지 않는다.

브랜딩을 공부하며 본질을 이해하는 것은 위에서 언급한 것처럼 각 브랜드들의 역사를 공부하는 것만큼 효과적인 것이 없다. 기술적인 것들은 두어 번 실습해 보면 금방 누구나 할 수 있다. 어려운 과정이 아니기 때문이다.

그래서 브랜드 분야는 학원에서 공부한다면 기술 전수는 받을 수 있으나 브랜드의 본질적인 이해나 활용에 대해서는 배울 수 없기 때문에, 반쪽짜리 공부에 불과하다고 본다.

콘텐츠 마케터

콘텐츠 마케터는 자격증이 없다. 하지만 강의는 꽤 많이 있는 편이다. 콘텐츠 기획 및 제작과 관련된 업무를 진행하기 때문에 배워야 할 부분들이 명확하다.

콘텐츠를 기획하는 방법에 대한 기획자들의 강의가 있을 수 있다. 영상 콘텐츠를 제작한다면 영상 기획, 스토리 등을 잘 꾸며서 전달하고자 하는 메시지를 정확하게 전달할 수 있도록 해야 한다. 글로 표현되는 콘텐츠도 마찬가지다. 어떤 메시지를 전달해야 하는가가 중요하고, 콘텐츠를 접한 사람들의 공감을 불러일으킬 수 있는 글이어야 한다.

기획과 공감, 전달할 메시지를 어떻게 전달하는가에 초점을 맞추어 공부하면 된다. 필자가 살펴보니 콘텐츠 마케터가 될 수 있는 방법에 대한 강의들은 꽤 괜찮은 커리큘럼을 가지고 있었다.

콘텐츠 마케터가 발행한 콘텐츠로 인해서 얼마나 많은 사람들이 공감하고 전환되는지를 수치로 체크하면 된다.

퍼포먼스 마케터

검색 광고 자격증과 더불어 가장 많은 마케팅 교육과정들이 있는 분야이다. 퍼포먼스 분야가 가장 배울 수 있는 것들이 명확하기 때문이다. 대부분 기술적인 것들이 많으며, 매체별로 광고를 세팅하는 방법, 클릭 수나 전환자를 많이 발생할 수 있도록 하는 요령들도 전수하는 것으로 알고 있다. 자격증을 따고 강의 들으며 공부해서 포트폴리오를 만들고 난 뒤, 실력 있는 마케터로 포장이 가능한 분야이다. 진입장벽이 가장 낮을 수 있다는 것이 필자의 의견이다.

다만, 신입의 경우는 위에 해당하지만 경력자의 경우에는 강의 듣고 포트폴리오를 만든 것은 인정해 주기 어렵다. 경력자라면 실질적으로 직전 회사에서 발생시킨 ROAS가 굉장히 중요하다. 본인이 주니어 마케터이고, 현재 회사에서 마케터로 재직 중이라면 고효율의 높은 ROAS를 꼭 챙기도록 하자.

그로스 마케팅(해킹)

그로스 마케팅은 수집된 데이터를 측정하고 고객의 니즈 및 행동 패턴 등을 분석하여 문제가 발생한 부분이 있으면 가설과 검증을 통해 개선하게 된다. 이론적으로는 이와 같이 이해하면 되고, 대부분 앱 마케팅에서 많이 사용된다. 많은 데이터를 분석하게 되기 때문에 데이터 분석 툴이나 SQL과 같은 것들을 공부해 두면 도움이 된다. 연봉도 다른 분야의 마케터들보다 더 높은 편에 속한다.

관련 자격증을 언급한다면 GAIQ 정도가 있지만, 다른 툴의 사용에 대한 자격증은 없다. 대부분 별도로 학원 강의를 통해 사용법을 숙지할 수 있다.

구글 애널리틱스나 파이어베이스, 앱스플라이어 등과 같은 툴의 사용을 익숙하게 연마한다. 그렇기 때문에 별도 학원 강의를 통해 툴의 사용법을 익히는 것이 취업에 도움이 된다.

학원을 홍보하는 것은 아니지만, 마케터로 취업을 하기 위해서는 마케팅 분야에 따라 배워야 할 것들을 정확하게 배운다는 전제 조건에 한하여, 학원에서 공부하는 것이 더 좋다는 결론이다.

애초에 자격증이 그리 많지 않고, 학원에서 공부할 수 있는 것들도 대부분 툴의 사용이나 광고 세팅 방법과 같이 명확하게 배우고 사용할 수 있는 것들이 활용도가 높기 때문이다.

여러분이 이미 마케터라면 어떤 것들을 공부해야 하는지 이미 잘 알고 있다고 생각한다. 마케터로 신규 진입하는 상황이라면 마케터가 되기 위해 어떤 강의를 들어야 하는지에 대해 고민하기보다는 어떤 마케터가 될 것인지를 먼저 고민하고 정보를 찾아 필요한 것을 배우도록 하자.

2. 이력서를 마케터의 입장에서 쓰는 법

여러분들도 취업을 준비하면서 수많은 이력서들을 작성해 본 경험이 있을 것이다. 이력서 작성 준비를 처음부터 하게 되면, 내 마음에 드는 디자인이나 양식을 가진 이력서를 찾거나 지원하는 회사에 걸맞는 이력서 양식을 다운로드해 작성하기 시작할 것이다.

위에서 반복적으로 강조한 것은 마케터들의 포트폴리오에는 숫자가 필요하다는 것이다. 이력서에도 마찬가지다. 상단에는 사진과 프로필, 간략한 개인정보들을 작성한다면 중반부에는 강점을 적어 줘야 한다. 장점과 단점, 강점과 약점을 잘 구분해서 작성하는 것이 좋다.

중반부에는 장점이 아닌 강점을 써야 한다. 내가 지원하는 마케팅 직무에서 어떤 일을 할 때 어떤 강점을 가지고 잘할 수 있는지에 대해 어필해야 하고, 그 업무를 어떻게 얼마나 잘할 수 있는지를 판단하는 척도는 당연하게도 숫자가 된다. 회사의 매월 매출액을 200% 이상 상승시켰다든지, 광고 집행 시 ROAS가 1,000% 이상을 달성했다든지, DB 업종에서 근무한다면 DB 단가가 건당 평균 10만 원대였던 것을 2만 원에 DB를 뽑아냈다든지와 같은 성과지표들을 강점과 함께 어필해 준다.

　강점을 모두 기재하고 나면 그 밑에 작성하는 것이, 이력이다. 어떤 회사에서 얼마나 근무했고, 어떤 업무를 주로 담당했으며 어떤 성과들이 있는지를 어필해 준다. 역시 숫자가 반드시 들어가야 하며, 긍정적인 성과가 발생한 숫자일수록 유리하다. 이력서 작성 시에도 필자가 가장 중요하게 생각하는 것은 역시 숫자이다.

　필자가 마케팅 팀장으로서 부하 직원을 채용하는 2차 면접관으로 1차 서류 전형을 진행할 때에도 체계적으로 숫자가 표현되어 있는 이력서들을 최우선적으로 선별해 달라고 인사팀에 전달했다. 하지만 실상, 체계적인 구조와 숫자를 가진 이력서들은 그리 많지 않았기 때문에 인사팀에서는 1차 서류 전형의 선발이 생각보다 쉬웠다고 한다. 적임자가 거의 없었다는 후문이 있었다. 그래서 1차 합격자를 쉽게 찾긴 어려웠다. 대부분 숫자로 표현하지 않기 때문이다.

　경력이 전무하여 대학생 시절에 자신이 이뤄 놓은 성과에 대해서 숫자로 표현한 것이 있다면, 필자는 해당 지원자를 바로 픽했을 것이다. 하지만 실질적으로 그런 사람을 찾기는 어려웠다. 그러니 여러분은 숫자로 잘 정리만 해 보자.

　항목은 아래와 같이 작성하는 것을 추천한다.

업무: 블로그 운영으로 성과 발생
내용: 블로그 운영한 지 2개월도 안 되어 최적화 완료.
       일 방문자 수 2,000명 이상.
기간: 업무 진행한 기간
역할: 직접 원고 작성 및 포스팅, 작가 및 대행사 섭외와 관리 등
효과 or 성과: 블로그로 매출액 1,000만 원 달성
강점: 블로그로 자사 콘텐츠를 네이버 키워드별로 상위 노출 시키고, 매출로 연결.

처음 지원하는 회사에서 마케팅 팀장들이 판단하기에 합리적인 연봉 수준을 제시함과 동시에 이러한 이력서를 작성한다면 1차 서류 전형을 통과하는 것은 그리 어렵지 않을 것이다.

우리의 목표는 1차 서류 전형 합격이 아니다. 최종 합격이다. 그리고 최종 합격과 동시에 현재 자신의 수준에서 가장 높은 연봉으로 연봉 계약을 체결하는 것이다.

서류 전형에서 합격했다면 면접을 진행하게 될 텐데, 어떤 전략을 사용해야 최대한 고연봉으로 협상할 수 있을까?

물론, 여러분마다 면접 전형에 대한 합격 플랜이 별도로 있을 것으

로 생각한다. 필자가 책 한 권 쓰고 있다고 해서 여러분의 면접에 "감 놔라. 배 놔라" 할 생각은 없다. 다만, 연봉 협상을 조금 더 유리하게 이끌어 갈 수 있도록 조언은 해 줄 수 있을 것 같다.

어떤 경험이든 성공한 경험이 있다면, 사람은 자신감을 얻는다. 단 한 번의 성공적인 경험이 또 다른 성공을 부를 수 있다고 필자는 생각한다. 필자도 그와 같은 경험이 있기에 편하게 말할 수 있다.

면접 자리는 회사가 여러분을 평가하는 자리가 아니다. 여러분이 회사에 맞는 부품인지, 톱니바퀴의 모양이 일치하는지 등을 알아보는 자리다. 평가하는 자리라고 인식하는 순간부터 여러분은 면접 자리에서 얼음이 되어 버리기 쉽다.

회사에 맞는 톱니바퀴인지 알아보는 조건에는 여러 가지가 있다.
1) 현재 회사에서 채용하는 포지션에서 요구하는 스킬이나 능력을 갖추고 있는가.
2) 사내 팀원들과 불협화음 없이 잘 지낼 수 있는가.
3) 포괄연봉제나 야근 등에 대한 이슈는 없는가.
4) 근무 기간을 1년도 못 채우고 나갈 사람인가.
5) 우리 회사를 위해서 성실하게 일할 수 있는 스타일인가.
6) 직장 상사의 말을 잘 따르는 스타일인가, 아니면 자기주장이 강한 스타일인가 등등.

평가받을 것은 하나도 없다. 그저 회사에 맞는 부품을 찾을 뿐이다. 물론, 평가하는 회사들이 대부분이다. 필자가 이렇게 이야기하는 이유는, 부품을 찾는 과정이라 생각하고 편안한 마음으로 자기 자신을 어필하는 것이 가장 중요하기 때문이다. 이것이 첫 번째다.

두 번째는 여러분이 회사에 돈을 벌어다 줄 수 있는 존재라는 것을 어필하는 것이다.

브랜드 마케터라면, 브랜딩을 강화해서 전체 매출액을 전월 또는 전년도 동월 대비 몇 % 상승시킬 수 있다고 어필하면 된다.

콘텐츠 마케터라면, 여러분이 생성한 콘텐츠가 고객들의 공감을 이끌어 내어, 제품 브랜드 또는 구매 전환에 영향을 미치도록 만들면 된다. 그렇게 매출을 만들어 낼 수 있다고 어필하면 된다.

퍼포먼스 마케터라면 평소에도 ROAS 체크를 하고 있을 테니, 길게 말하지 않겠다. 고효율의 광고 세팅으로 ROAS를 뽑아낼 수 있다고 어필해 보자.

면접이니 우선 자신을 회사에 돈 벌어다 주는 마케터라고 확정적으로 자신 있게 어필하자. 그러면 면접관은 근거를 대라고 할 것이다. 그때 자신의 성공적이었던 포트폴리오를 보여 주면서 브리핑하면 된다. 위에서 언급했던 얘기지만 조금 더 구체적으로 예시를 들어 설명해 보고자 한다.

예시) 필자는 이미 고효율의 높은 ROAS를 보유하고 있다. 콘텐츠 생성 쪽에도 있고, 퍼포먼스 온라인 광고 쪽에도 있다. 브랜드 쪽에서도 지속적으로 매출 상승을 일으킨 결과물이 있다. 우선 이와 같은 무기를 쥐고 있어야 한다. 그리고 면접관 또는 오너에게 조리 있고 논리적으로 말할 필요가 있다.

"현재 채용 중이신 포지션에는 제가 적임자라고 생각합니다. 그 이유는, 저는 이미 전 직장에서 동일한 포지션에서 성과를 내어 본 적이 있고 회사에 매출 상승으로 돈을 벌어다 주는 마케터이기 때문입니다. 사전에 제출드린 포트폴리오를 참고해 주십시오.

A의 경우에는 제가 직접 생성한 콘텐츠로 ROAS가 2,000% 발생되어 매출액 xx,xxx,xxx원을 벌어들였습니다. 이미 동일한 포지션에서 돈을 벌어 본 경험이 있기 때문에 입사하게 된다면 또다시 성공적으로 매출 상승을 꾀할 수 있습니다."

여러분이 초집중하여 업무를 하고, 고효율의 ROAS와 매출액을 달성하는 것이 어려운 것이지, 이미 달성한 높은 ROAS가 있다면 이것을 오너에게 어필하는 것은 어려운 일이 아니다.

하지만 필자가 아는 여러분은 어필하는 것을 더 어려워한다. 어필하는 것이 얼마나 중요한지에 대해 인지도 하지 못하는 사람들을 여럿 보았다. 필자의 입장에서는 그 사람들을 돕고 싶었지만, 답답할 뿐이었다. 한두 마디 조언을 하면 "꼰대" 소리가 돌아올 뿐이었다.

인정한다. 필자는 어려운 일을 쉽게 말하는 경향이 있다. 미안하다. 필자는 어려운 줄 알고 있었지만, 그것이 가능하도록 집중했다. 그 결과는 높은 ROAS로 나타났고 현실로 실현했다. 그때의 그 집중이 지금의 나를 만들고 고액 연봉자로 한발 더 다가서게 만든 것이라고 생각한다.

그러니 여러분도 집중해 보자.
열심히 하는 것만 가지곤 안된다.
누구나 열심히 산다.
남들 기준으로 최선을 다해야 한다.
못할 것 같은 일도 반드시 해낸다는 일념으로 집중해야 한다.

그래야 성공시킬 수 있다.

3.
자소서를 마케터의 입장에서 쓰는 법

 어디가 시작인지는 모르겠으나, 일반적인 자소서 하면 생각나는 문구는 "어릴 적부터 엄한 아버지와 자상한 어머니 밑에서 자라며…"와 같은 맥락이거나 "저는 항상 사람들과의 관계를 중요하게 생각합니다. 매사에 적극적이고, 대인관계에 있어 트러블이 없고, 조화롭게 협력하며 팀워크를 중요하게 생각합니다"와 같은 뻔하고 일반적인 내용들이 포함된다.

 마케터의 자소서는 달라야 한다. 마케터는 숫자로 자신을 표현하는 것이 우선이다. 이쯤 되면 숫자가 지겹기 시작한다. 기업의 니즈를 살펴보고 어떤 인재상을 희망하는지를 파악해야 한다. 우리 마케터들의 업무는 고객의 니즈를 찾는 것이 일상이다. 입사하려는 회사의 니즈를 파악하지 못한다면 어디 가서 뭘 하든 긍정적인 피드백을 찾기는 힘들 것이다.

 회사의 니즈를 파악하기 위한 조건은 우선, 회사가 어떤 직무의 마케터를 채용하고자 하는지를 정확하게 아는 것이다. "콘텐츠 마케터를 채용합니다"라고 채용 공고가 띄워진다고 해도, 콘텐츠 마케터들의 역할이 다양하다 보니 회사에서 맡기고자 하는 업무가 무엇인지를 먼저 파악해야 한다.

가령 예를 들어 콘텐츠 마케터를 채용한다고 했을 때, 그 회사의 마케팅 채널을 살펴봐야 한다. 유튜브 채널은 운영하다 말았고, 블로그는 한창 잘 키우고 있는 것으로 파악했다면, 내가 이 회사에 취업해서 맡게 될 업무는 유튜브와 블로그 관련 콘텐츠일 확률이 높다고 인지하는 과정을 먼저 거쳐야 한다. 이러한 부분을 파악한 후에, 넘버링을 매겨 가며 나의 강점을 하나씩 나열하며 자신을 소개하는 것이다.

콘텐츠 마케터로서 포스팅을 고객의 니즈와 부합하는 콘텐츠를 만들었습니다. 좋아요와 댓글 100건, 고객의 공감을 얻는 포스팅으로 블로그를 수익화한 경험이 있습니다. 수익 금액은 월 1,000만 원 정도입니다.

유튜브도 마찬가지다.

Shorts 콘텐츠 영상을 기획하여 높은 조회수를 발생시켰습니다. 주간 평균 조회수는 약 10,000건으로, 동영상 콘텐츠를 기획하여 구독자 수를 증가시키는 데 기여하였습니다. 해당 영상으로 인한 구독자 수 또한 10,000명 정도 증가하였습니다.

이와 같은 방식으로 숫자로 표현하며, 본인이 자신 있고 잘하는 업무와 함께 자신을 소개하는 것이 좋다. 이러한 방식으로 경력기술서에서 나타낸 자신의 강점들을 천천히 긍정적인 숫자와 함께 풀어내어 자신을 소개하는 방향으로 자기소개서를 작성해야 한다. 기존의 일반적인 성장 과정이나, 성격(MBTI 포함)의 장단점과 같은 부분들은 간략하고 특징적인 부분들만 정리해 준다.

원래 이 책에 이력서나 자소서 관련된 내용은 정리하지 않으려 했었다. 하지만, 필자의 경험상 스펙이 좋은 친구들은 많이 봤어도, 자신의 성과지표를 숫자로 제대로 표기하는 친구들은 많지 않았다. 아니, 다시 말하면 거의 없었다. 100명에 1명꼴로 만난 것 같다. 생각을 조금 할 줄 아는 마케팅 팀장들은 숫자에 민감하게 반응한다.

자신들의 성과를 만들어 줄 부하 직원을 채용하는 것은 팀장들의 로망이다. 여러분이 위와 같은 방향성을 가지고 이력서 및 자소서를 작성한다면 팀장들은 여러분을 채용하지 않을 이유가 없다.

7장

판매 전략

이 책은 필자의 실제 경험을 바탕으로 작성된 고연봉을 빠르게 찍는 노하우가 담겨 있다. 이 책을 마무리할 때쯤, 그런 생각이 들었다. 내가 진짜 마케터라면 이 책이 잘 판매될 수 있도록 전략을 짜는 모습도 보여 줘야 하는 게 아닐까? 그러다 보니 계획에 없던 7장이 생기게 되었다. 이 책에 대한 판매 전략을 세워 보자.

사실 나는 이 책을 적극적으로 홍보하지 않을 생각이다. 홍보하지 않는다면 기본적으로 이 책은 홍보를 진행할 때보다 노출도가 낮아질 수밖에 없다.

상식적으로는 상품을 홍보하는 과정에서 노출량이 자연스레 늘어나게 된다. 하지만 필자는 홍보를 할 생각이 없기 때문에 홍보를 할 때보다 노출량이 떨어질 것이다. 노출량이 거의 0에 수렴한다면 이 책이 판매될 가능성조차 없어지게 된다.

필자가 이 책을 플랫폼에 등록한다고 하더라도 초반엔 당연히 노출량이 저조할 것이고, 잘 판매되지도 않을 것이다. 하지만 누군가가 이 책을 접하고 1장의 pursuade를 읽었을 때에 바로 구매할 수밖에 없도록 만드는 것이 이 책의 판매 전략이었다.

그리고 이 책을 접하는 사람들에게 전환 수나 전환율(conversion rate)을 올려서 구매하게 만드는 것이 필자가 이 책을 판매하는 전략이 될 것이다.

고객들은 바보가 아니다. 소비자들은 엄청나게 똑똑하다. 좋은 상품은 고객들이 먼저 알아보고 구매해 버린다. 이건 좋은 상품의 특징들이다. 결국 필자는 이 책의 수준이 매우 좋다고 스스로 자신하며 그렇게 믿고 있다.

만약에, 100명이 이 책을 접해서(클릭해서) 50명이 구입한다면 구매 전환율은 50%가 된다. 이것이 얼마나 어마어마한 수치인지 아는가? 당신이 현역 마케터로 일하게 된다면, 회사가 판매하는 상품의 전환율이 평균 몇 %가 되어야 일반적인 수준인지 아는가?

분야나 업종마다 전환율이 다르고 객단가가 달라 매출액도 달라지지만 일반적으로 전환율이 50% 이상인 상품은 없다고 말해도 과언이 아니고, 5% 미만인 경우가 대부분이다. 전환율이 5%라는 의미는 100명의 사람들이 상품의 상세페이지를 보고 5명이 구입한다는 의미이다.

이 책이 많이 노출되든 적게 노출되든 상관없다. 오히려 이 책에 대한 노출량이 많아지지 않길 바란다. 좋은 상품들은 늘 전환율이 높다. 필자는 자신 있게 이 책이 높은 전환율을 가진 책이라는 것을 여러분에게 보여 주고 싶다.

당신이 마케터라는 직업을 선택한다는 것은, 굉장히 똑똑한 소비자들에게 내가 근무하는 회사의 상품을 고객들에게 판매해야 한다는 얘기와 같다.

내가 근무하는 회사의 상품이 경쟁사의 상품과 차별성이 없거나 장점이나 강점도 없는 경우는 매우 흔하다. 당신이 마케터라면 그런 악조건 속에서 똑똑한 소비자들에게 상품을 팔아야 하는 것이다. 그리고 그러한 환경을 뚫고 고효율의 ROAS를 만들어 내야 한다는 의미이기도 하다. 위에서 언급했듯이 그렇게 성과를 내야, 당신의 고연봉 이직도 가능해지기 때문이다.

내가 마케터로 있는 회사에서의 상품만큼은 최고의 상품으로 개선하고 또 개선하여 소비자들이 알아서 찾게 만들어 판매하는 것이 언제나 필자의 필승 마케팅 전략이다. 그리고 필자가 외치는 최고의 마케팅은 최고 퀄리티를 낼 수 있도록 상품을 개선하는 것이라고 단언한다.

이 책도 마찬가지다. 그래서 이 책의 판매에 있어서, 노출량은 내가 신경 쓸 바가 아니다. 나는 경험이 담긴 이 책을 여기저기 홍보해서 누구나 내 경험을 갖게 만들고 싶지 않다. 책을 엄청나게 비싸게 내놓는 것도 아니고 내 경험들이 녹은 이 책이 돈 몇 푼으로 책정되는 것도 마음에 들지 않기 때문이다. 내 경험이 담긴 이 책은, 문맥이나 구성이 엉망일지언정 초보 마케터에게 있어서는 성장을 위한 최고의 밑거름이 될 것이다. 필자는 그렇다고 장담하고 자신한다.

그래서 필자는 이 책이 많은 사람들에게 노출되길 바라지 않는다.

나는 내 경험을 여러분에게 공유했고, 내 경험을 가진 사람은 반드시 성공할 것이라 믿고 있다. 내 경험을 가지고 마케터로서 고연봉에 다다르는 사람들이 소수이길 바라는 마음에 노출량은 신경 쓰지 않기로 했다.

하지만 이 책으로 아기 분윳값이라도 제대로 벌기 위해서는 전환율이라도 높아야 돈을 버는 구조이기 때문에 전환율을 높이는 전략을 사용했다.

"과연 이 책이 얼마나 팔릴까?"
라고 스스로에게 말하며 이 책을 마무리한다.

김태원(HoneyLatte) 2024. 06.
이 책을 첫째 아들과 둘째 딸에게 바친다.